Steffen Wagenfeld

Erleuchte Dein Leben

AF191998

Steffen Wagenfeld

ERLEUCHTE DEIN LEBEN

Reise zur Wahrheit

Bibliografische Information der Deutschen Nationalbibliothek: Die Deutsche Nationalbibliothek verzeichnet diese Publikation in der Deutschen Nationalbibliografie; detaillierte bibliografische Daten sind im Internet über http://dnb.dnb.de abrufbar.

Korrektorat: Sophie Ruhnke

Verlag: BoD · Books on Demand GmbH, In de Tarpen 42, 22848 Norderstedt,

bod@bod.de

Druck: Libri Plureos GmbH, Friedensallee 273, 22763 Hamburg

ISBN: 978-3-7597-2247-8

Inhaltsverzeichnis

Meine Reise als buddhistischer Mönch in Thailand

Das letzte untrügliche Zeichen war gefallen, es war nun Zeit zu gehen. Meine Reise hatte begonnen, an höchster Stelle bereits vor vielen Zeiten gewählt.

Ready for Take-off!

Thailand, Bangkok

Bei 40 Grad und schöner Mittags-Sonne.

Wir waren bereits seit Stunden auf den Beinen und genossen wie immer die kraftvolle Energie an diesem mächtigen und magischen Ort. Es war Sonntag und wieder einmal saßen meine Frau und ich im Wat Dhammakaya-Tempel in Bangkok. Mit uns waren auch ca. 50.000 andere Menschen und tausende Mönche, die dort dasselbe taten wie wir auch – beten, BUN machen und tief meditieren.

Es gab wieder eine kurze Lautsprecher-Durchsage im Tempel, wie schon mehrmals an diesem Tag, diesmal kurz vor der großen Abschluss-Meditation am späten Nachmittag. Die Nachricht der Durchsage war, dass Männer die Möglichkeit hätten, zum Mönch zu ordinieren, für 1-2 Wochen oder auch länger.

Die letzte Meditation hatte nun begonnen, ich war schnell in meinen meditativen Zustand übergegangen. In dieser Zeit hatte ich schon eine regelmäßige und fast tägliche Meditations-Routine entwickelt, mit dieser sehr speziellen Meditation aus diesem Power-Tempel.

Während der Meditation ging ich sehr schnell in Kommunikation mit Candasaro Bhikkhu (The Master of the Vijja Dhammakaya, geboren am 10. Oktober 1884, gestorben am 3. Februar 1959). Die Nachricht an mich war, den Hauptgrund meiner Reise jetzt wahrzunehmen: ein buddhistischer Mönch zu werden!

Wenn ich jetzt nicht diesen Weg, die Bestimmung und die Aufgabe wahrnehmen würde, wäre es zu spät in diesem Leben für diese lebensverändernde Möglichkeit. Und es würde vielleicht wieder mehrere Leben bis zu diesem entscheidenden Moment dauern, da mir dieser Weg als Mönch zu späteren Zeiten in meinem Leben auch noch weitere Aufgaben eröffnen würde. Mir schwirrten die Sinne und Tränen liefen mir herunter. Zwar hatte ich schon mit dem Abflug meine Wahl vorab getroffen, aber nun wurde es sehr konkret! Es ist wie immer Leben – wenn eine bestimmte Zeit da ist, dann ist sie da! Man spricht dann von der Qualität der Zeit. Und es fügen sich alle Zustände und Möglichkeiten passend zur Erfüllung!

Aus diesem Grund war ich nun hier in Thailand auf dieser ganz bestimmten Reise, zu dieser ganz bestimmten Zeit. Nach dem Ende der Meditation teilte ich meiner Frau mit, dass die Zeit für mich gekommen sei, um als Mönch zu ordinieren. Ohne meine Frau hätte ich meinen Weg als Mönch in Thailand nicht umsetzen können.

Ich hatte wie immer für meine Projekte und Lebensaufgaben ihre volle Unterstützung. Auch wenn ich sehr genau weiß, was ich möchte, bedarf es Menschen, welche einen bei den Vorhaben unterstützen und den Rücken frei halten, in guten wie in schlechten Zeiten!

Meine Frau ist damals als mein rettender Engel in mein Leben gekommen, da sie mich in die spirituelle Welt zurückgebracht hat, über den Buddhismus. Seit meiner aller frühsten Kindheit wurde ich durch die christlichen und spirituellen Wege meiner Großmutter sehr geprägt (außer meiner Mutter hatte diesen Umstand bzw. Einfluss bis heute niemand in meiner engeren Familie wahrgenommen), durch regelmäßige Kirchenbesuche, Gebete, Jesus Christus, Gespräche mit Gott und Musik. Gerade auch durch die Musik hatte ich meine eigene Schöpferkraft früh erfahren können. Auch wenn ich eine Phase hatte und mein Umfeld damit nervte, weil ich das Gefühl hatte, ich hätte noch viel früher anfangen müssen, Musik zu machen. Damals hatten mein Ego und mein Ehrgeiz etwas übertrieben.

Ich hatte mich von den spirituellen Wegen einige Jahre später etwas abgewandt und kurze Zeit einen kleinen „Rock-'N'-Roll-Lifestyle" genossen. Jesus Christus war jedoch immer schützend mit mir.

Gemeinsam mit meiner Frau habe ich seit meiner Rückkehr von meiner spirituellen Reise als Mönch sehr viele Tempel besucht, gebetet, vielfältige spirituelle Selbsterfahrungen erleben dürfen und BUN gemacht. In verschiedenen Ländern haben wir spirituelle Seminare, Lehrmeister und Mönche besucht sowie viel meditiert. Für unsere gemeinsame Zeit und für diese ganzen lichtvollen Erfahrungen bin ich meiner Frau in Liebe unendlich dankbar!

I ♥ you Saiphin!

Mein Weg als Mönch war zunächst auch ein logistischer Aufwand, mit der Anmeldung im Tempel, den ganzen Unterlagen dazu und den Gebeten zur Vorbereitung auf ein solches Ereignis. Vor allem, weil ich als Ausländer natürlich ein kleines Sprachproblem für mein Vorhaben hatte, als buddhistischer Mönch in Thailand geweiht zu werden und dann für eine gewisse Zeit im Tempel zu leben!

Da die Gebete in Sanskrit (Pali) und auch in Thailändisch verfasst waren, hatte ich mir gemeinsam mit meiner Frau die ganzen benötigten Gebete in Lautschrift (phonetische Schrift) aus den Gebetsbüchern aufgeschrieben bzw. diese so aufgeschrieben, dass ich sie überhaupt aussprechen und schlussendlich auch im Tempel beten konnte. Es war generell einiges an Kraft und Willen nötig, um diesen Weg als komplett eingeweihter buddhistischer Mönch zu gehen, mit all den Ritualen, Gebeten, Schwüren und großen Zeremonien, welche sich insgesamt über mehrere Tage erstreckten. Und es waren noch einige Hindernisse und Prüfungen in dieser Zeit für mich zu überstehen. Jedoch hatte ich, wie immer in meinem Leben, auch die Unterstützung von „Höchster Stelle". Herzlichen Dank nochmals!

Meine Zeit als Mönch in thailändischen Tempeln hatte nun begonnen.

Dieser Tempel, in dem ich zunächst lebte, befand sich ca. 200 Kilometer nördlich von Bangkok. Mit mir hatten sich insgesamt 80 Novizen (ich war der einzige Ausländer) für eine gewisse frei wählbare Zeit (1 Woche bis zu durchschnittlich 4 Wochen) als Mönch in diesem Tempel angemeldet. Ich selbst hatte mir zunächst einen Zeitraum von einem Monat reine Zeit als Mönch gewählt, denn die Zeit mit all den Ritualen bis hin zur offiziellen und abschließenden Mönchsweihe benötigt schon alleine eine ganze Woche.

Bis man also ein richtiger eingeweihter buddhistischer Mönch ist, braucht man etwas Zeit und vor allem auch Geduld. Als wir zu meinem schlussendlichen Weg als Mönch im Tempel eintrafen, hatte ich eigentlich nur kleines Gepäck dabei. Ich hatte eine Decke und ein großes Kissen eingepackt, vier Bücher sowie noch ein paar persönliche Dinge. Der Mönch, der mich und meine Frau für eine abschließende Klärung der täglichen Abläufe empfangen hatte, grinste und meinte: „Das kann deine Frau alles wieder mitnehmen. Du brauchst hier nur deine Zahnbürste, Zahnpasta, einen Rasierer, Seife, zwei Handtücher sowie zwei weiße Hosen und zwei weiße Hemden, also die Kleidung für die Tage bis zur schlussendlichen Mönchs-Weihe. Mehr nicht!"

Ich dachte im Stillen: *„Fast nichts ist also auch noch zu viel für ein Leben als Mönch!"*

Der Mönch hatte mir eine kleine blaue Stoffbox zum Aufbewahren meiner Gegenstände sowie der Schlafsachen gegeben. Eine dünne Schlafmatte, eine dünne Decke, ein kleines Kissen, ein Kuli, ein kleines Heft zum Schreiben, ein Löffel, eine Gabel und eine Plastikflasche für Wasser – das waren nun meine ganzen Besitztümer während meiner Zeit als Mönch.

Nachdem ich meinen Schlafplatz oben im großen gemeinsamen Schlafsaal gewählt und meine Sachen dort abgelegt hatte, wurde der Tempel und das umliegende Grundstück einmal komplett sauber gemacht.

Nach dieser Arbeit war ich klitschnass geschwitzt und hatte erst einmal geduscht und die weißen Kleider gewechselt sowie in einem Wassereimer meine Kleidung gewaschen und zum Trocknen auf eine lange Leine im Tempel-Garten aufgehängt.

Das Kleiderwaschen auf diese Art und Weise habe ich als Mönch jeden Tag vollzogen, da die große Hitze mich „schmelzen" ließ. Zum Glück hat jeder Mönch später, nach der offiziellen Einweihung, noch eine zweite Mönchsrobe zum Wechseln erhalten.

Im Anschluss wurden die ersten Dinge mit den Mönchen (Lehrermeister) vor Ort im Tempel eingeübt. Beten, das richtige Sitzen, Verbeugen und Meditieren. Nach dem Essen – alle Mahlzeiten des Tages wurden ebenfalls immer auf dem Boden sitzend eingenommen – wurde um 21 Uhr im riesigen Schlafsaal im zweiten Stock auf dem Boden geschlafen, da die Nacht um 4 Uhr wieder vorbei sein sollte. Auch die Gebote, welche wir einhalten mussten, wurden uns vermittelt.

Die *5 Lebens-Gebote im Buddhismus* lauten sinngemäß wie folgt:

Töte keine Lebewesen!

Stehle nicht!

Sei nicht untreu!

Sprich immer die Wahrheit!

Konsumiere keinen Alkohol und keine Drogen, damit der Verstand immer klar und rein ist zu jeder Zeit!

Im Christentum gibt es ja ebenfalls die 10 Gebote.

Ein buddhistischer Mönch, welcher sein ganzes Leben dem Mönchstum treu bleibt, muss sich jedoch an *227 Gebote* halten, welche im buddhistischen Buch der Disziplinen *(Vinaya)* beschreiben sind.

Ich denke, die Mehrheit von uns Menschen hier auf Erden ist mit den 5 Geboten schon sehr gut bedient und bereits kräftig am Rudern damit! Aber trotzdem ist es wichtig und gut, sich immer wieder daran auszurichten.

Um 4.30 Uhr morgens mussten die ganzen Novizen ohne Schuhe in mehreren Reihen vor dem Tempel antreten. Was mir gleich aufgefallen war: die schönen spitzen Steine vor dem Tempel. Die taten richtig gut und man war gleich hellwach, auch ohne Kaffee.

Sinn und Zweck des Morgen-Appells war die tägliche Zählung bzw. die Anwesenheitsüberprüfung. Und tatsächlich wurden es täglich weniger Novizen in diesem Tempel, manche verabschiedeten sich über Nacht bzw. brachen sie ihren Weg zum „befristeten" Mönchtum schon wieder vorzeitig ab, da dieser Weg als Mönch natürlich einige Härten, Entbehrungen und Überraschungen für jeden bereithielt. Nach diesem Appell wurde im Tempel gebetet und meditiert. Es gab täglich feste Arbeiten zu verrichten, wir wurden dazu von einem älteren Mönch eingeteilt. Ein anderer Novize und ich übernahmen das tägliche Toiletten putzen. Das hatte seine Vorteile: erst einmal war es „BUN", aber so wusste ich auch, dass es wirklich sauber war.

Ein kurzer Einwurf von mir diesbezüglich: Das Putzen sowie die Sauberkeit und Ordnung haben natürlich auch einen höheren Sinn. Zunächst natürlich, dass alles sauber ist, aber auch als tägliche Erinnerung, um Körper, Geist und Seele sauber und reinzuhalten, also der innere und äußere „Tempel", z.B. auch durch Bewegung und Meditation sowie den Verzicht auf Alkohol, Drogen und Zigaretten.

Wer täglich sein Haus, die Wohnung, das Zimmer sauber und rein macht, aufgeräumt und eine grundlegende Ordnung halten kann, lernt damit auch, sein eigenes Leben rein, in Ordnung und in einer festen Struktur zu halten. Eine sehr wichtige Lebens- und Erfolgs-Voraussetzung! Wer unfähig ist, eine gewisse Grundordnung für seinen Wohnraum zu halten, der wird auch sein gesamtes Leben in einer Unordnung leben! Auch ist Sauberkeit und Ordnung wichtig, damit all die guten Helfer sowie die positiven Energien in dein Leben kommen möchten, um dich zu unterstützen. *Die Kraft der positiven Anziehung.*

Auch eine Lehre aus dem Feng-Shui: Wer seinen Wohnraum und sein Leben nicht in Ordnung hält, der verliert das ganze Geld, das er verdient hat, im Chaos und in sinnloser Verschwendung! Also wird es ein Leben in Armut und in Begrenzung sein, anstatt in Reichtum und Überfluss! Es beginnt also immer mit den sehr einfachen und kleinen Dingen im Leben, die über sehr vieles entscheiden und gerne übersehen werden!

Nun zurück in den Tempel.

Die Essensregeln bzw. Zeiträume für einen buddhistischen Mönch sind festgelegt: das Frühstück um 7 Uhr, das Mittagessen auf jeden Fall vor 12 Uhr. Bei uns war es täglich um 11 Uhr. Danach durfte man den ganzen Tag bis zum nächsten Morgen keine feste Mahlzeit mehr zu sich nehmen.

Es geht etwa in die Richtung des mittlerweile modernen Intervall-Fastens bzw. intermittierendes Fasten, wobei das im Buddhismus bzw. Mönchtum mit diesen Regeln natürlich in einem anderen Kontext zu sehen ist.

Später wurde geübt für die Haarschneide-Zeremonie am Nachmittag, bei der ein hoher Mönch ebenfalls als Gast geladen war. Es wurden Schrittfolgen, Sitzeinteilungen und Gebete dafür eingeübt. Viele Teppiche, Stühle und Gefäße wurden dazu noch aus einem ca. 10 Kilometer entfernten Tempel geholt. Freiwillige (Familienangehörige) haben uns mit den Autofahrten dorthin unterstützt, da Mönche selbst kein Auto fahren dürfen.

Um 16 Uhr fand die Haarschneide-Zeremonie dann statt, es waren viele Gäste, Familienangehörige und Mönche anwesend. Jeder Anwesende durfte den Novizen ein paar Haare abschneiden und diese wurden in ein Lotus-Blatt gelegt, welches jeder Novize in der Hand hielt. Anschließend ging es nach draußen, wo wir Novizen dann von einem Mönch richtig kahl rasiert wurden, also der gesamte Kopf und die Augenbrauen.

Es folgten Gebete und eine gemeinsame Meditation.

Denselben Anwesenheits-Appell, der am Morgen stattfand, gab es auch jeden Abend noch einmal.

Um ca. 21 Uhr wurde dann geschlafen.

Was ich auch noch erwähnen muss: Meine Zeit im Tempel als Mönch brachte mir einen Koffeinentzug von 100 auf Null. Das machte mir ein paar Tage etwas zu schaffen, und ich hatte diesen Umstand zuvor auch nicht so recht bedacht.

Am nächsten Tag wurde für die nächste Zeremonie auf dem Weg zum Mönchtum geübt. Bei dieser Zeremonie ging es darum, die Eltern um Vergebung zu bitten.

In diesem Zuge sollte auch jeweils eine eigene Mönchsrobe an den Novizen übergeben bzw. gespendet werden.

Die Tagesabläufe waren dieselben wie auch tags zuvor: Appell, beten, meditieren, putzen, essen. Ebenfalls wurden die Sanskrit-Verse für das große Einweihungs-Ritual und auch für die zwei Tage später stattfindende Zeremonie im Wat Dhammakaya-Tempel in Bangkok eingeübt. Am Abend wurde wieder gebetet und lange meditiert.

Am Folgetag fand die Vergebungs-Zeremonie für bzw. auch mit den Eltern statt. Da meine Eltern nicht in Thailand anwesend waren, war eine andere Person stellvertretend für diese mein „Vergebungs-Gegenüber" und auch gleichzeitig der Spender meiner Kleider für mein Mönchsleben.

Auch hier geht es um die Kraft der Energie, welche die Vergebung bewirkt, ob Personen wirklich physisch anwesend sind oder nicht. Ein *Vergebungs-Ritual* hat Power, alle Menschen sind *energetisch* verbunden. Darüber werde ich hier im Buch unter dem Kapitel „*Vergebung*" noch genauer eingehen.

Ein paar neue Knie hatte ich mir während dieser ganzen Zeit als Mönch des Öfteren auch gewünscht, weil die Gebete und die sehr langen Meditationen in ganz bestimmten Sitzpositionen vollzogen werden mussten. Auch die große Hitze zu dieser Zeit war eine Herausforderung für mich.

Ich hatte mir damals neben meinen *Tagebuch-Notizen* auch aufgeschrieben, was mir an Worten durch den Kopf ging.

lernen, üben, verstehen,

Wille, Gemeinschaft, Entbehrungen, Bewusstsein,

der Unterschied von Glaube und Wissen,

der Weg von Glaube zu Wissen, Wahrheit,

Disziplin, Vergebung, Magie, öffentliche Auftritte,

Rituale, Wachstum, Transformation und Power!

Die Haarschneide-Zeremonie

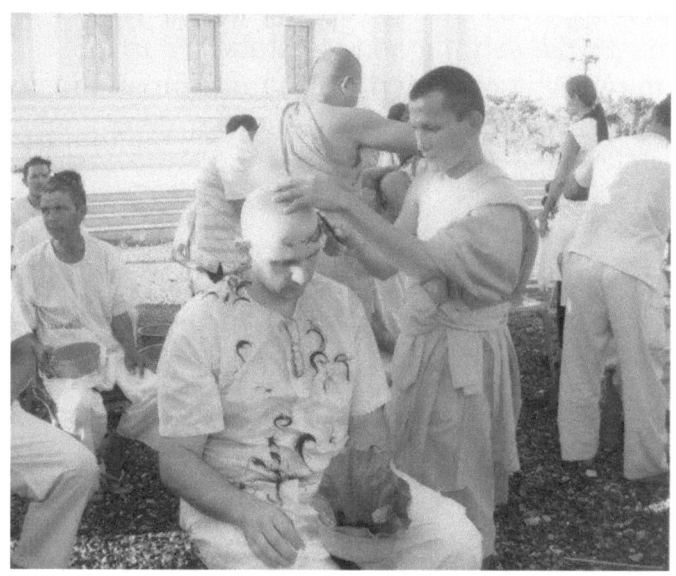

Vergebungs-Zeremonie und die Spende der Mönchsroben

Der 5. Tag war dann sehr kraftvoll und außergewöhnlich, weil es gleich um 7 Uhr morgens mit dem Bus nach Bangkok zum Wat Dhammakaya-Tempel ging.

Als wir dort ankamen, waren schon sehr viele Mönche und Novizen aus ganz Thailand anwesend. Viele kleine Zelte waren bereits im Tempel aufgebaut. Auch unsere Gruppe baute nun gemeinsam die Einmann-Zelte auf. Von meinem kleinen Zelt aus hatte ich den perfekten Ausblick auf die *Dhammkaya Cetiya* (1 Million goldene Buddhastatuen – es ist das größte „BUN"-Areal der Welt).

Wir aßen, beteten, meditierten und übten noch einmal für die große Zeremonie am nächsten Tag. Am nächsten Morgen waren nun ca. 100.000 Mönche und ebenfalls sehr viele Angehörige und Gäste anwesend. Zunächst fand die Zeremonie auf dem großen freien Platz statt, danach hielten wir in der Tempelhalle unsere Mönchsroben in den Händen, welche uns in einem Ritual von einem Mönch symbolisch um den Hals gehängt wurden. Die Roben zogen wir in einer Umkleide im Tempel an, bevor wir beteten und meditierten.

Was mir aufgefallen war, dass die Gruppe der nun noch anwesenden Novizen war kontinuierlich kleiner geworden ist, da doch einige diesen Weg nicht gehen konnten und schneller als geplant ihr Mönchsein wieder abgebrochen hatten.

Bis zur Rückfahrt am Abend in unseren Tempel genossen wir die Zeit und die unglaubliche Atmosphäre und Energie im Wat-Dhammakaya-Tempel und ließen ein paar Fotos machen von Begleitern bzw. Angehörigen.

Im Wat-Dhammakaya-Tempel in Bangkok

Die offizielle Mönchs-Weihe

Einige Tage später fand in einem kleinen Stadt-Tempel, einige Kilometer entfernt, nun die offizielle Mönchs-Weihe in einem kleinen geschlossen Kreis statt. Man könnte sie fast schon als geheim bezeichnen, da im Tempel selbst niemand außer den zu weihenden Mönchen (Novizen) anwesend sein durfte. Alle Türen des Tempels wurden geschlossen. Die Fotos im inneren des Tempels machte ein Mönch.

Mit tiefen Ritualen der Einweihung und mit den eingeübten Sanskrit-Ritualversen, die jeder Novize direkt vorne sitzend auf einem Podium, in einem Frage-Antwort-Wechsel, mit einem hohen Mönch aus Bangkok vollziehen musste. Zudem hatte jeder im Zuge dessen seinen persönlichen Mönchs-Namen erhalten.

Es war ein sehr anstrengender und langer Tag, aber auch einmalig schön, mit sehr viel Freude und BUN! Als wir am Ende der Zeremonie alle draußen vor dem Tempel standen und die Menschen uns ihre Gaben überreichten, kam der Mönch aus Bangkok zu mir und sprach mir sein Lob aus, da er sehr erfreut darüber war, dass ein Ausländer einen solchen, nicht ganz einfachen, Weg als buddhistischer Mönch ebenfalls gehen konnte.

Ich habe während meiner Zeit als Mönch bei den sehr langen und tiefen Meditations-Sessions immer mehr angefangen, die Energien zu manifestieren.

Was genau meine ich mit dieser Aussage?

Zunächst war das (spirituelle) Energie-Level bei den Meditationen im Tempel hoch, das war das Eine. Jedoch ist der wirklich ausschlaggebende Punkt, was ich damit meinte, dass ich das Bewusstsein und die Kraft über tiefere Zustände erhalten habe. Ebenfalls erhielt ich das Wissen nicht nur auf geistiger Ebene (Verstand), sondern auf der Seelen-Ebene (spirituelle Ebene). Klarheit, Bewusstheit, Licht und Kraft, generiert aus den höheren Energien, die uns umgeben, bzw. welche bereits in uns sind und schon immer in uns waren!

Wissen/höheres Bewusstsein/Licht

= Power (Kraft/Macht/Energie)

Wenn dieses höhere Bewusstsein dann auf dem Weg zur Manifestation ist, wächst es und wird zunehmend zu Power! Diese Power kann dann eine sehr starke Ausgangsbasis für weitere Fähigkeiten sein, vorausgesetzt man arbeitet an diesen weiter, wie z.B.

Hellsichtigkeit (Psychic), Sehen, höhere Kommunikation, Medialität, Soul-Reading (Potenziale, Wege, Aufgaben), Aura Reading, Akashic-Records-Reading, Energetic-Field Reading, spirituelles Heilen, etc.!

Aber auch weitere Geschenke für das eigene Leben sind durch diese spezielle Meditation/Power möglich, wie z.B.

mehr innerer Frieden, Ruhe, Gelassenheit, Achtsamkeit, Balance, Geduld, Zufriedenheit, Resilienz, Weitsicht, Weisheit-Erkenntnis, Anti-Aging, etc.

Ich weiß, es ist sehr schwer, das alles zu verstehen (glauben) und zugegeben noch schwerer, es wirklich zu erklären. Man kann leider wirklich nicht alles erklären, da Worte dafür zu begrenzt sind, was alles auf spiritueller Ebene passiert.

Hier sind die Selbsterfahrungen eine unabdingbare Voraussetzung für mehr Wissen, Bewusstsein und sich selbst bewusst zu sein bzw. zu werden.

Daher geht es auch nicht um Glauben, sondern um Wissen!

Aber bitte auch verstehen:

Das alles passiert nicht übermorgen!

Die Tage in diesem Tempel hatten sich in den täglichen Abläufen wiederholt. Jedoch kam eine neue Sache hinzu: Wir Mönche sind geschlossen auf den Morgen-Markt gelaufen und haben den Menschen dort, im Gegenzug einer Spende (Essen), den Segen ausgesprochen bzw. für diese Menschen dann gebetet. Es ist das tägliche BUN-Machen für die Menschen in Thailand. Die Mönche sind dort und in vielen anderen buddhistisch geprägten Ländern ein Teil des alltäglichen Lebens.

Nach meiner offiziellen Mönchs-Weihe

Im Tempel mit Meditationszentrum, bei den Segnungen der Besucher, während einer Zeremonie

Nach einer gewissen Zeit in diesem Tempel hatten fünf weitere Mönche aus meiner Gruppe und ich die Ehre erhalten, in einen anderen kleinen Tempel mit einem eigenen Meditationszentrum eingeladen zu werden, um dort unsere restliche Zeit als Mönch zu verbringen. Ein mit ausschlaggebender Punkt dafür war, dass meine Familie und ich auch bereits vor meiner Zeit als Mönch sehr oft in diesem besagten Tempel zum beten und meditieren waren.

Diese ehrenvolle Einladung haben wir natürlich sehr gerne angenommen und sind am selben Tag dorthin umgezogen, viel Gepäck hatten wir ja nicht.

Im Gegensatz zu dem anderen Tempel, hatte hier jeder Mönch sein eigenes Zimmer, aber es wurde trotzdem auf dem Boden geschlafen und auch der Minimalismus war weiterhin ein Teil meines Lebens.

In diesem Tempel wohnten und wirkten zu dieser Zeit sieben etwas ältere Mönche (Lehrmeister), alle mit erweiterten und auch höheren Aufgaben. Sie hatten alle bereits sehr lange Meditationserfahrungen und spirituelle Fähigkeiten.

Wie sagt man so schön?

Das war dann noch einmal eine ganz andere und heftigere Hausnummer – und vor allem waren es somit sehr tiefe Selbsterfahrungen für mich!

Diese Mönche und Lehrmeister sind im Besitz vom

Eightfold Supranormal Knowledge

(Achtfaches übernatürliches Wissen)

„Der Besitz der geistigen Kräfte eines Menschen, der rein von Befleckungen ist."

1. *Tiefes Wissen und Bewusstsein*

2. *Geist geschaffene magische Kräfte*

3. *Übernatürliche Kräfte*

4. *Göttliches Ohr (Hellhören)*

5. *Gedanken lesen*

6. *Vergangene Leben sehen (Karma lesen)*

7. *Göttliches Auge (Hellsehen)*

8. *Das Wissen um das Ende der Begrenzungen*

Auch hier in diesem Tempel habe ich meinen Tag gestartet, indem ich mit den anderen Mönchen den ganzen Tempel im Inneren gefegt und anschließend nass geputzt habe. Ab und zu haben wir auch den Rasen vom Tempel-Garten gemäht.

Hier hatte ich den ganzen Tag sehr viel Zeit, mit diesen sehr starken Energien in diesem sehr unterstützenden und speziellen Umfeld zu meditieren. Ich konnte sehr aufschlussreiche, lehrreiche und außergewöhnliche Gespräche, in Englisch, mit den Lehrmeistern führen.

Außerdem wurde ich in dieser Zeit natürlich täglich Zeuge von Dingen, welche man bei einer Berufsausbildung, beim Studium oder auf dem Fußballplatz nicht unbedingt sieht und lernt.

Ich habe bezüglich der Fähigkeiten dieser Mönche respektvoll angefragt, diese selbst erfahren zu dürfen. Da ich in diesem Augenblick ein komplett eingeweihter Mönch war und zu dieser Gemeinschaft in diesem Moment auch dazugehörte, bekam ich einen tieferen Einblick gewährt. Dabei geht es nicht um Sensation oder eine Zurschaustellung dieser besagten Energien, sondern um das höhere Bewusstsein (Bewusstwerdung) der spirituellen Intelligenz (Erleuchtung).

Und da es aber in diesem Buch auch nicht um Märchengeschichten geht, sondern um die Wahrheit, würde ich es jetzt auch genau hier an dieser Stelle schreiben, falls meine Selbsterfahrungen diesbezüglich nicht positiv ausgefallen wären!

Es sind solche Gegebenheiten und Chancen im Leben, welche man nur genau einmal im Leben erhält. Entweder man greift mutig zu, oder man lässt einfach alles an sich vorüberziehen.

Wie es so schön heißt: Nur wer geht, kann auch wieder zurückkommen! Nur wer sich auf eine nötige Reise begibt, kann auch wieder mit einem neuen Licht zurückkommen.

Immer nur zu stehen, wo man gerade ist, kann ein Mangel sein und eine Selbstbegrenzung für das gesamte weitere Leben, auf allen Ebenen des eigenen Seins!

Angst, Bedenken und Zweifel sind schlechte Lebensberater, denn dafür ist das jeweilige eigene Leben, welches man gerade lebt, immer zu kurz!

In diesem Tempel gab es täglich geführte Meditationen für die Besucher und einmal in der Woche eine Zeremonie mit längeren Gebeten und Meditation. Wir, die neuen Mönche, saßen dann direkt vorne mit den Lehrmeistern auf einem Podium und durften Spenden entgegennehmen und Segnungen für die Besucher bzw. für die Menschen, welche uns Spenden überreicht hatten, aussprechen.

Das tägliche Frühstück und Mittagessen haben wir zusammen mit den Lehrmeistern an einem großen Tisch eingenommen, auch das war keine Selbstverständlichkeit.

Die generellen Abläufe bis zu meinem Ende meiner Mönchs-Ordination hatten sich täglich wiederholt. Ein Mönch führt in diesem Sinne kein abwechslungs- oder actionreiches Leben, jedoch ein sehr tiefes Leben im vollen Bewusstsein.

Am letzten Tag auf meiner Reise als Mönch, wurde ich von dem höchsten Mönch dieses Tempels durch ein kurzes Gebet und Ritual wieder in mein „normales" Leben entlassen.

Danach habe ich wieder meine weißen Kleider angezogen und meine Mönchsroben und alle weitere Dinge, welche ich vom Tempel erhalten hatte, dem Tempel wieder zurückgegeben lassen.

Ich bin am selben Abend, gemeinsam mit meiner Familie, wieder in diesen Tempel zum meditieren und beten gegangen. Diesmal war ich wieder ein normaler Gast wie alle anderen Besucher auch, allerdings mit etwas mehr Wissen und Bewusstsein als zuvor.

Mit der Vorbereitung auf das Mönchstum bis hin zu dem Austritt und dem langsamen Ausklingen aus dem Mönchsorden hatte ich ca. zwei Monate als Mönch in Thailand verbracht und so schlussendlich meine zuvor geplante Zeit um ca. vier Wochen verlängert.

Mein Fazit: „Was für eine Reise!"

Es war sicher kein leichter Weg, diese Zeit als Mönch, aber schlussendlich einer meiner wichtigsten Wege für mein gesamtes Leben!

Es war eine Transformation auf vielen Ebenen des Lebens.

Erst später, nach meiner Zeit als Mönch, kamen die großen positiven Nachwirkungen und das erweiterte Wachstum resultierend aus diesem Weg.

Die Zeitdauer einer spirituellen Erfahrung ist nicht zwingend der alleinige Hauptfaktor für das eigene spirituelle Wachstum, sondern es sind vielmehr die sehr stark erfahrenen Tiefen, die Offenheit des eigenen Herzens sowie Geduld und Kontinuität! Natürlich vor allem auch die richtigen Umstände und Lehrmeister!

Nach meiner Zeit als buddhistischer Mönch ist mein Weg Stück für Stück weitergegangen, mit neuen Lehrmeistern, neuen Selbsterfahrungen und Aufgaben. Dieser Weg der Selbsterfahrungen für mehr Wissen und Bewusstsein wird ein Leben lang mein Begleiter sein.

Noch eine wichtige Anmerkung von mir:

Bei vielen Dingen, Zuständen, Heilungen, Tempel, etc. hier auf Erden, welche große Zustimmung und Erfolg haben, wird oftmals versucht, diese mit verdrehten Geschichten und Unwahrheiten in ein schlechtes Licht zu rücken. Aber auch das ist ein Teil des Kampfes von der dunklen mit der lichten Seite hier auf Erden!

Alles hat seine Gründe!

Was sind deine eigenen Gedanken dazu?

Wäre das so alles auch ein Weg für dich?

Was wäre wichtig für dein eigenes Leben?

Was sind deine spirituellen Selbsterfahrungen?

Erleuchte Dein Leben

Das Einleuchten der eigenen Erleuchtung

„Öffne dein Herz."
Jesus Christus

Jeder Mensch ist so, wie er ist - und du bist gut!

Seid alle herzlich willkommen!

Wir rauschen gerade in eine neue Zeitqualität, die eigene Seelen-Power möchte nun gelebt werden! Das Geistig-Spirituelle wird bei den Menschen wachsen und sich manifestieren wie nie zuvor!

Zunächst: Persönliches spirituelles Wachstum (Ganzwerdung) ist ein Weg der eigenen Entscheidung! Spirituelles Wachstum hat nichts mit einem Kompensieren, Weglaufen, oder Heilen von Krankheiten jeglicher Art zu tun und auch nicht mit Ausgleichen von persönlichen Defiziten auf einer anderen Lebensebene (körperlich, geistig).
Spirituelles Wachstum ist ein persönlicher, wichtiger und stiller Weg!

Der eigene spirituelle Weg, welcher mit den „Möchtegern-Gurus", den selbsternannten Schamanen, mit Fantasie-Versprechungen oder den vermeintlichen Verheißungen und dem „Merchandising" der Esoterik-Industrie absolut nichts zu tun hat! Dies ist keine Verurteilung, weil jeder hat seine Freiheit zu denken und zu machen.

Wer dieses Buch liest, sollte sich zunächst auf gewisse Sichtweisen und aufgezeigte Erfahrungsberichte einlassen können bzw. wollen, sich jedoch auch immer wieder in die Selbstreflexion begeben und in eine konstruktive Überprüfung bezüglich der hier gemachten Aussagen.

Auch wenn das einige Menschen (Institutionen) ganz anders sehen wollen und müssen, *Jesus Christus* hat die Ebene der Spiritualität in aller Ganzheitlichkeit verkörpert und gelebt, in voller Verbundenheit zu Gott-Vater. Die bedingungslose Liebe zu allen Lebewesen. Die Lehren und Initiationen an seine enge Gefolgschaft übertragen, ohne jeglichen Dogmatismus. Unterstützung und Heilung für die bedürftigen Menschen. Seine vielen Reisen, unter anderem zu den buddhistischen Mönchen im Himalaya-Gebirge, nach Ägypten, neue Kulturen und Menschen kennengelernt. Seine gelebte Menschlichkeit und die Gleichberechtigung aller Menschen sowie sein Wissen um die *wahre Magie* und deren Möglichkeiten. Was jedoch aus seiner ganzen Wahrheit und seinen Wegen durch andere Menschen und Institutionen alles gemacht und (um)geschrieben wurde, das ist ein anderes Thema.

Der Weg ist das Ziel, wie schon so oft beschrieben, ja, aber es gibt trotz allem ein übergeordnetes Ziel auf diesen Wegen. Daher auch die Werkzeuge und Wege, nicht mit dem Ziel verwechseln.

„Zeige mir auch die schlechten Wege, negativen Dinge und Zustände, damit ich die guten Wege selbst erkenne und beschreiten kann."
(Eine Aussage von einem meiner Lehrmeister)

Die Hinwendung zu der eigenen Spiritualität kann mehr Realismus, Freude, Verständnis, Wissen und Wahrheit im eigenen Leben bedeuten! Die Angst und Selbstbegrenzung hält uns oftmals davon ab, unser Herz zu öffnen, ein neues Selbst zu erfahren und den inneren Frieden zu finden und zu leben. Die Sichtweise der übergeordneten Wahrheit ist oftmals nur noch Ausdruck einer eigenen Meinung, jedoch kein wahrhaftiges Erkennen, da die Menschen sich zu weit von Gott entfernt haben und dadurch ihr Gottes-Bewusstsein verloren haben. Dieser Umstand bedeutet keine persönlichen „Defizite oder Probleme" einzelner Menschen, sondern es betrifft die Menschheit insgesamt, die von diesen Wegen sehr weit weggeführt worden ist.

Wer kennt nicht dieses Spiel aus der Kindheit? Man hatte die Augen zudeckt und war somit unsichtbar für alle anderen. Man hat sich quasi aus den vorhandenen Zuständen verabschiedet und konnte so das Umfeld nicht mehr wahrnehmen, obwohl sich an der Lebensrealität und an der Sichtbarkeit natürlich nichts verändert hatte. Man wollte willentlich nichts mehr sehen und auch nicht mehr gesehen werden.

Und genau das machen „erwachsene" Menschen auch noch weiterhin – dieses „Spiel" spielen! Die Lebensrealität ist nur das, was man auch wahrnehmen möchte und selbst glauben kann (möchte). Alles andere bleibt im Verborgenen und ist jedoch trotzdem vorhanden! Ein Schlafender ist nicht wach und ein Schlafender weiß nicht, dass er schläft! Dieser Umstand ist es, warum die spirituelle Erleuchtung auch als erwachen und aufwachen umschrieben wird, seit vielen Zeiten!

Wir leben in einer Zeit, in der viele Zustände eintreffen und das Leben vieler Menschen etwas dunkler erscheinen lässt. Auch daher sollten (könnten) wir ein höheres Bewusstsein entwickeln und uns den immateriellen Dingen verstärkt (wieder) zuwenden. Uns (wieder) auf Gott besinnen und die eigene Spiritualität und die wahren Möglichkeiten erkennen, integrieren, nutzen und schlussendlich als eine ganz natürliche Lebens-Ebene wieder leben.

Wenn du zehn Menschen die Frage stellst, was für sie Spiritualität konkret bedeutet bzw. was dieses Wort für sie beinhaltet, so kann es dir sehr gut passieren, dass du zehn verschiedene Antworten auf deine Frage bekommst!

Ich persönlich würde diese Frage so beantworten: Die Spiritualität ist keine Philosophie oder Glaubensfrage, sondern ein persönlicher und gangbarer Weg. Die Spiritualität ist der Zugang zu der höheren Ebene, welche zu unserem Leben unweigerlich dazugehört und integriert werden möchte. Spiritualität ist Leben und Menschlichkeit. Es bedeutet mehr Wissen, mehr zu verstehen, mehr Klarheit, mehr Bewusstsein, mehr Licht, mehr Wahrheit und eine Ganzheitlichkeit im eigenen Sein zu erfahren. Mehr und tiefer zu sehen, zu fühlen und zu hören. Die Verbindung zu Gott (die höchste Quelle). Die höheren Anbindungen und Möglichkeiten in uns allen wiederzuerkennen, zu aktivieren und schlussendlich zu integrieren. Power, innerer Frieden und Medialität, um daraus für das eigene Leben zu jeder Zeit schöpfen zu können, für mehr Kraft, Energie, Balance, Resilienz und Verständnis.

Die Antworten selbst auf die eigenen Fragen zu bekommen sowie die Lösungsmöglichkeiten für die Unsicherheiten im Leben. Zu verstehen, was das Leben und was der Tod ist und was das alles wirklich für uns Menschen bedeutet!

Wissenschaftler aus der Gehirnforschung sprechen davon, dass wir im Gehirn immer wieder neue Verbindungen und Verknüpfungen herstellen können, wenn wir etwas Neues lernen. Auch Meditation hat eine Auswirkung auf unser Gehirn. Unser Gehirn, unsere Bereitschaft, Neues zu lernen und neue Wege zu gehen, das alles hat einen wesentlichen Anteil an unserem generellen und auch am spirituellen Wachstum. Wie ich eingangs bereits erwähnte: Man sollte die Werkzeuge und den Weg nicht mit dem Ziel verwechseln! Das Ziel ist das persönliche Wachstum und die schlussendliche Ganzwerdung (Heilwerdung). Werkzeuge und Wege dorthin gibt es viele! Die *richtige* Meditation – ich sage hier bewusst „richtige", da es heutzutage gefühlt tausende verschiedene Meditationsmethoden und Techniken für alle möglichen Belange gibt – kann der Schlüssel für das gesamte eigene spirituelle Wachstum sein. Die Meditation kann auch mitunter schon das einzige notwendige Werkzeug dazu sein.

Werde ein Meister deines Lebens. Jeder Meister ist ein Leben lang auch ein Schüler! Das bedeutet, jeder Mensch darf und kann ein Lehrer mit den Fähigkeiten, welche er besitzt, sein, wenn er sich an das Gebot der Demut und der Dankbarkeit hält und sich darüber bewusst ist, dass er ein ganzes Leben lang immer auch ein Schüler ist und sein muss!

Folgende Geschichte: Es gab im letzten Jahrhundert eine Nonne. Sie war, würde man heute sagen, eine „Lebensberaterin" sowie eine Meditations-Lehrerin für viele Menschen in jener Zeit. Jedoch hatte sie nie eine Schule besuchen können, daher konnte sie weder lesen noch schreiben. Es gab damals eine überlieferte Anmerkung von einer besonders „schlauen" Frau, welche sagte: *„Eine Analphabetin erklärt uns also die Welt, wunderbar."* Solch eine Aussage zeugt von der eigenen tiefen Lebens-Unzufriedenheit dieser Frau, wenn man, so wie in diesem Fall, einer sozialen und helfenden Person die vorhandenen Fähigkeiten absprechen möchte, durch unsinnige und armselige Gleichungen.

Eine solche Aussage würde implizieren, dass man, falls ein Mensch eine bestimmte Fähigkeit (Talent etc.) nicht besitzt, ihm alle weiteren Fähigkeiten sowie weiteres Wissen automatisch abspricht!

Daher sollten wir aber auch verstehen, dass es wichtig ist, dass wir uns selbst darüber bewusst sein müssen, was für Dinge, Zustände, Möglichkeiten und Wahrheiten in unserer Welt herrschen, eben durch unser höheres Bewusstsein. Und nicht den „intelligenten" Mächtigen, dem Fernsehen, den Medien, Internet und irgendwelchen Institutionen blind vertrauen müssen und ihnen alle Macht der (vermeintlichen) Wahrheiten zu überlassen. Sondern uns selbst wieder bewusst zu werden, um klar und konstruktiv zu denken, zu sehen und zu wissen.

Der letzte Kampf von Dunkelheit und Licht in diesen Zeiten! Daher sollten auch alle Menschen, bildlich gesprochen, wieder ihr Kreuz hervorholen, sprich geschlossen Rückgrat beweisen!

Generell halte ich mich sehr bedeckt mit meinen eigenen Erfahrungen und meinem Wissen. Da ich niemanden etwas überstülpen möchte, auch nicht verängstigen, oder überfordern möchte. In diesem Buch könnte genau das jedoch geschehen, weil es dazu gute Gründe und Notwendigkeiten gibt. Ich habe wenig Interesse an „zwischen Tür und Angel Gesprächen über Spiritualität"! Dafür sind die Zustände einfach viel zu tief und allumfassend! Auch daher sollte man sich dann schon mal mindestens ein ganzes Jahr Zeit nehmen für ein *kurzes* Gespräch darüber!

Es ist manchmal zu früh, um mit gewissen Zuständen, Dingen, Gegebenheiten und Wahrheiten konfrontiert zu werden. Das ist kein „Totschlagargument" und auch keine Abwertung von Menschen. Zum besseren Verständnis, wenn ich zu einem 5-jährigen Kind sage, dass ich mich jetzt gemeinsam mit ihm über die aktuelle Weltpolitik austauschen möchte, würde das Kind mich kurz anschauen und dann einfach weiter spielen, weil es überhaupt nicht verstanden hätte, was ich gesagt habe. Wenn ich mich mit demselben Kind jedoch 25 Jahre später über dieses Thema austauschen wollte, könnte daraus ein konstruktives Gespräch entstehen, da die vorhandenen Erfahrungen, das weltliche Wissen und das generelle Verständnis, Interesse dieses Menschen in der Zwischenzeit gestiegen sind.

So ist es auch auf der spirituellen bzw. Seelen-Ebene, dass eine gewisse Erfahrung bzw. Offenheit vorhanden sein sollte, um gewisse Dinge überhaupt verstehen zu können bzw. zu wollen. Und das hat nicht nur zwingend mit dem Lebensalter zu tun. Natürlich ist es auch ein gewisser Luxus, auf intellektueller und philosophischer

Ebene, sich über die erweiterten, größeren, übergeordneten Zustände im Leben ausgiebig Gedanken zu machen.

Das betrifft nicht nur die Chancen und Risiken der menschlichen Aspekte, sondern auch die „Unmenschlichen"! Als Beispiel die KI-Programmierung und -Nutzung mit ihren exorbitanten Möglichkeiten. Wie viel lassen wir zu, wo sind die großen positiven Möglichkeiten und wo sind die selbstbestimmten Grenzen für die Menschheit etc.?

Jedoch ist hier die passende Gelegenheit für deine eigenen Gedanken und für eine eventuelle Neuorientierung zu gewissen Glaubenssätzen und Gegebenheiten.

„Leiste dir hier einmal ausgiebiges Luxusgedankengut!" (Mein Vorschlag)

Bei vielen Menschen gibt es eine generelle Ablehnung, Negierung und Unverständnis zum Thema Spiritualität. Was leider aber auch dem Umstand geschuldet ist, dass es viele Negativbeispiele gibt und es eine unbewusste Vermischung in den Köpfen vieler Menschen gibt, nämlich von mondäner Esoterik-Fantasterei, leeren Worten und der wirklich still und tief gelebten Spiritualität. Über all die Zeiten wurden mir bei Gesprächen über Spiritualität sowie über das Leben an sich diesbezüglich Aussagen und Standpunkte mitgeteilt, wie die vier folgenden als Beispiel:

„Das Leben ist so, wie es ist, und diese ganze Spiritualität und der ganze Seelenkram sind eine andere Welt!"

„Was soll mir die Spiritualität überhaupt bringen? Wie soll das für mein Leben funktionieren, brauche ich so etwas?"

„Da muss man aufpassen mit diesem ganzen ‚Hokus Pokus' und ‚Teufelszeug', da sind schon viele komplett verrückt geworden. Ich genieße lieber mein Leben und wenn ich sterbe, bin ich so oder so tot."

„Ich muss meine Arbeit machen, ich habe keine Zeit für so einen Quatsch! Einbildung ist auch eine Bildung. Wer daran glaubt ... Ich habe damit nichts am Hut!"

Eine eigene Meinung ist auch eine eigene Meinung und oftmals eine vermeintliche Wahrheit der Gläubigen. Doch die übergeordnete wahrhaftige Wahrheit ist nicht durch Glauben oder eigene Meinungen zu erfahren.

Dennoch ist der Glaube sehr wichtig für uns, da der Glaube uns auf den Weg der Selbst-Erkenntnisse bzw. Selbsterfahrungen schicken kann.

Die Kraft des Glaubens lässt uns die Wege gehen. Die ganze Wahrheit ist jedoch nur erkennbar durch die Selbsterkenntnisse, nicht durch die gehörten Worte oder durch den Glauben. Wenn man versteht und akzeptiert, dass die Hinwendung zur eigenen Spiritualität auch eine Hilfe und Lebensbereicherung sein kann, so ist dies eine Erleichterung für den Zugang und für das Verständnis. Das ist der erste Schritt für Weiteres. Natürlich, bitte immer alles, was ich hier im Buch schreibe, selbst überprüfen. Und angepasst an die eigene individuelle Reife und den eigenen freien Willen die Wege beschreiten! Ich persönlich bin nicht an Einbildungen, nicht am reinen Glauben und auch nicht an Vermutungen und eigenen Meinungen interessiert, sondern an der übergeordneten Wahrheit.

Wir leben nicht abwechselnd in verschiedenen Welten, sondern wir leben mit unserem ganzen Sein allumfassend permanent nur in einer einzigen Welt. Natürlich kann man sagen und den Standpunkt vertreten: Das kommt aus jener Welt, du lebst in einer anderen Welt als ich, wir müssen permanent wählen zwischen den Welten etc.

Aber ist dem wirklich so?

Vielmehr ist die nicht Integration und Anerkennung der eigenen spirituellen Ebene im eigenen Leben bzw. in dieser Welt eine selbst auferlegte Selbstbegrenzung. Es ist ein Leben unter den eigentlichen Möglichkeiten und Bewusstseinszuständen. Der Weg ist zunächst, sich der eigenen Dreifaltigkeit (Ganzheitlichkeit) wieder bewusst zu werden und diese in Vollkommenheit zu leben!

Zur Aussage „Verrückt werden" – das ist nicht falsch bzw. es ist vollkommen richtig! Wenn sich jemand seiner eigenen Spiritualität voll bewusst wird und diese dann richtig nutzen kann, so ist er ganz sicher ein Stück ver-rückt, also ein Stück weiter nach vorne gerückt in seinen Möglichkeiten und weg-gerückt von den (noch) mehrheitlich herrschenden Meinungen. Ver-rückt von der Meinung der Menschen, die noch keinerlei Selbsterfahrungen mit ihrer eigenen Spiritualität gemacht haben und diese aufgrund dessen auch nicht nutzbar machen können für ihr eigenes Leben. In diesem Sinne gibt es bereits sehr viele Ver-rückte in unserer Welt, aber es sind leider noch nicht alle ein Stück weiter ver-rückt!

Denn dann hätten wir sehr wahrscheinlich eine etwas andere Welt!

Aber wir sind auf dem Weg.

Wenn ich die Spiritualität in mein Leben integriert habe, so ist es vollkommen egal, ob ich gerade arbeite, Kaffee trinke, schlafe, Sport oder Musik mache – die eigene Spiritualität ist ein Teil von mir zu jeder Zeit. Und das ist bei allen Menschen genauso, nur viele wissen es noch nicht oder möchten es auch nicht wissen. Es ist ganz einfach noch nicht ihre Zeit zum Aufwachen. Alles hat eben seine Zeit und diese Zeit kann bereits irgendwann in diesem Leben sein, oder aber auch erst in einem der nächsten Leben.

Die erneute Erinnerung: „Warum bin ich überhaupt hier?"

Auch das ist richtig. Wenn man stirbt, ist man tot und der Tod ist nicht das Ende! Und auch dieses spirituelle Gesetz gilt für alle, ob reich oder arm, wissend oder unwissend. Tot zu sein ist wie am Leben zu sein, nur ohne Körper. Auch gibt es die Wiedergeburt mit einem neuen Körper, daher ist auch die Aussage „Wer früher stirbt, ist länger tot" ein manches Mal eben auch nicht richtig.

Diese Ansätze der Zerrissenheit von mehreren „Welten" haben wir auch seit langem (wieder) in der Medizin. Auch diese Umstände waren vor vielen Zeiten schon einmal ganz anders. Sehr alte Ansätze in der Medizin bzw. Heilung finden aber dennoch an manchen Stellen bzw. Ländern wieder Einzug, aus gutem Grund! Dazu später aber noch mehr im Kapitel „Heilung".

Wenn man es so ausdrücken möchte, besteht der Mensch aus drei „Wesens-Anteilen" in einem:

Wir sind Wesen mit einem Körper.

Wir sind Wesen mit einem Geist.

Wir sind Wesen mit einer Seele /Spiritualität.

Wir sind nicht abwechselnd nur das Eine oder das Andere, sondern wir sind alle Zustände immer gleichzeitig und das zu jeder Zeit an jedem Ort auf dieser Welt! Wir sind, sowohl als auch, Körper, Geist und Seele, hier auf Erden.

In einer Phase der Mediationen kann man Körper und Verstand/Geist „ausschalten" und „reinigen", das ist gut, hilfreich und ergibt Sinn, um danach auch wieder als volle Einheit in der Balance und Achtsamkeit gestärkt und präsent zu sein für die Lebensaufgaben und Wege.

Wenn der Mensch arbeiten geht, so lässt er oft seine Spiritualität zu Hause im Schrank hängen. Also in der anderen Welt. Zu Hause wechseln wir dann wieder die Ebene und sind auch wieder etwas spirituell. Und genau in dieser Unausgeglichenheit leben wir heute. Das fehlende 3. Element, das wir nicht integrieren wollen, und es wird oft anderweitig kompensiert!

Wir sehen unser Leben oftmals in solchen extremen Einteilungen oder eben gar nicht. So ergibt es wenig Sinn und fördert das Unheil, wenn wir versuchen, nur das Eine oder nur das Andere zu sein und zu leben.

Wir haben eben keinen Schalter, um drei verschiedene Welten immer an- und wieder auszuschalten! Es ist eine Abspaltung hin zur Zerrissenheit und zum Unfrieden, in uns selbst und in der Welt!

Wie gesagt, leben wir nicht in zwei Welten und auch nicht in drei Welten, sondern immer nur in einer einzigen und das immer gleichzeitig in aller Ganzheit unseres Seins. Es geht auch darum, alle 3 Ebenen des Seins gut zu stärken und diese auch dauerhaft in Balance zu halten.

Wir sollten nicht aufgrund von Unwissenheit auf unsere inneren Kräfte und Heilquellen verzichten.

Mit den zwei Ebenen, Körper und Geist, haben wir eigentlich kein wirkliches Problem. Das wirkliche Thema für die meisten Menschen ist die dritte Ebene, die höhere Ebene in uns, unsere Seele und die Spiritualität.

Natürlich, je nachdem, welchen Beruf bzw. Berufung jemand ausübt, können sich die drei Anteile etwas verschieben bzw. in der Präsenz erhöhen. Ein Mönch, ein Heiler oder ein spiritueller Lehrmeister werden prozentual natürlich etwas fokussierter in der spirituellen Ebene verbringen für gewisse Momente als z. B. ein Software-Programmierer oder Sportler etc., aber eben auch umgekehrt.

Die Balance und Ganzheitlichkeit in unserem Leben auf dem Weg zur allumfassenden Heilung, Zufriedenheit, zu mehr Licht, Wachstum und Bewusstsein. Wer nur in Extremen denkt und lebt, der lebt gleichzeitig außerhalb seiner eigenen Balance und seiner Möglichkeiten, da in notwendigen Situationen ein wichtiger Anteil fehlt.

Es geht auch nicht darum, die Gesetzmäßigkeiten zu verändern, sondern selbst die Zustände und Gesetzmäßigkeiten wieder richtig zu verstehen, neu zu erlernen und zu erfahren. Auch geht es nicht um Kritik oder um die Frage von „Richtig oder Falsch", sondern um Denkanstöße, mögliche Wege bzw. Richtungswechsel, die eigene Ganz-Werdung zu vollziehen bzw. wiederzuerkennen.

Natürlich ist alles reiner Zufall ohne Sinn und Zweck in unserem Leben hier auf Erden in der Polarität. Die Sonne und der Mond, Tag und Nacht, die Ebbe und die Flut, die gottgleiche Schöpferkraft der Menschen, um neues Leben selbst zu erschaffen, dass es Frau und Mann gibt, die menschliche Schöpferkraft, um die eigenen Gedanken in das Materielle zu manifestieren, um damit Neues entstehen zu lassen sowie die Kraft, Macht und Freiheit, zerstörerische Gedanken in Kriegspläne umzusetzen. Das alles ist natürlich nur Zufall oder gar ein Unfall.

Oder?

In unsere Gedanken sollten wir das Universum miteinbeziehen.

Pessimisten und Mutlose haben wir viele in unserer Welt. Was die Menschheit jedoch braucht, das sind konstruktive und humane Macher sowie Menschen, welche die eigenen Seelenpläne umsetzen können und alleine dadurch schon ein Stück weit eine andere Welt erschaffen können. Kritiker aufgrund der eigenen Lebensunzufriedenheit haben wir auch bereits genug in unserer Welt. Reines Kritisieren als Berufung anzusehen, ist die eigene Angst, selbst nach vorne zu gehen als positiver Macher und Helfer! Ich möchte diese Menschen dazu motivieren, selbst wieder Macher zu sein und Positives und Hilfreiches damit zu erschaffen. Mit den vorhandenen Fähigkeiten versuchen, konstruktiv für die Verbesserungen, Erleichterungen und den menschlichen Fortschritt im Leben beizutragen. Ein Diener für Gott, zu sein und ein Unterstützer für die Menschen.

Menschlichkeit!

Schlussendlich ist es, wie gesagt, die eigene Angst und Mutlosigkeit dieser Kritiker. Es sind die *„Mutlosen und Vergessenen"*, es sind eben jene Menschen, welche ihre Fähigkeiten nicht mehr einbringen können oder wollen, aber dennoch sehr viel beitragen könnten für diese Welt.

Zu diesem Thema werde ich mich irgendwann in einem weiteren Buch tiefer einlassen.

Ich bin auch sehr dafür, Fehler und Schwächen aufzuzeigen und anzusprechen, wenn jemand wachsen möchte bzw. Hilfe braucht. Allerdings dann in einem liebevollen und konstruktiven Rahmen, mit einem gleichzeitigen Versuch von Hilfe und einem möglichen Lösungsansatz. Mit Ziel, eine Verbesserung bzw. weiteres Wachstum für diesen Menschen zu schaffen, der Unterstützung sucht.

Weiß ich schon alles und habe ich bereits alles gelernt in diesem Leben?

Nein!

Und ich lerne auch täglich weiter bis zu meinem Lebensende und auch wieder weiter im nächsten Leben!

Auch ich bin sehr dankbar, gute, verständnisvolle Lehrmeister zu haben, welche mir meine weiteren Lernmöglichkeiten aufzeigen, eben damit sie mir überhaupt weiteres Wachstum durch Wissensvermittlung schenken können und ich es annehmen kann.

Viele Menschen sind unzufrieden und fühlen sich unausgeglichen. Oftmals ist eben genau dieser fehlende Anteil daran die nicht erkannte und gelebte Spiritualität. Jeder Mensch hat Fehler (noch fehlende Anteile) und Schwächen!

Wir haben diesbezüglich weltweit auch kein politisches Problem und auch niemals gehabt, sondern nur spirituelle Lösungsthemen! Wir haben diese Welt mit diesen Rahmenbedingungen nicht, weil diese eben so ist, wie sie ist, sondern wir haben diese Welt, welche wir uns selbst erschaffen haben. Es sind die Denkweisen, die Verhaltensweisen und schlussendlich die Manifestationen der menschlichen Gedanken-Pläne in das Materielle!

Es ist das Ego der Menschen und es sind die Machtansprüche, aber auch manchmal gute Ideen!

Viele Machtbesessene möchten Gott sein und die Welt nach ihren Regeln beherrschen, sie sind jedoch auch nur Töchter und Söhne, so wie wir alle. Es sind unsere Manifestationen außerhalb der bedingungslosen Liebe und der ursprünglichen Menschlichkeit zu Mensch, Tier, Natur und Mutter Erde.

Es ist der stetige Kampf von der „dunklen" und der „lichten" Seite!

In unserer heutigen Welt sind die Menschen oftmals fernab des eigenen Bewusstseins für die höheren Möglichkeiten und Gegebenheiten, sie leben ihr Leben davon losgelöst.

Welt-Religionen und Politik haben denselben Faktor – den Menschen. Die Gebote und Gesetze sind eine Sache. Was der Mensch daraus macht, ist eine andere.

Auch Themen wie Krankheit, Leid, Schmerz, Verlust, Kummer, Vertragsbrüche, etc. haben nichts mehr mit dem Mensch zu tun, dem all das widerfährt. Die eigene „Verantwortlichkeit" dafür wird abgelehnt und mit Schicksal, Zufall oder als die Schuld der anderen betitelt. Mit solchen fehlgeleiteten Gedankenansätzen bleibt der Wachstumswert für die meisten Menschen auf der Strecke. Auch das ist ein Weg der langsamen und stetigen Erkenntnisse.

Es geht nicht darum, den Menschen Schuldgefühle einzureden. Es geht überhaupt nicht um die Frage der „Schuld", sondern um das Verstehen des großen Ganzen.

Bei der eigenen Verantwortlichkeit geht es nur um das *„Warum"*!

Und natürlich sind die eigenen Krankheiten und das eigene erfahrene Leid meist größer und schlimmer als das der anderen Menschen. Jedoch müssen wir auch nichts relativieren, abwägen oder vergleichen, sondern nur das selbst Erfahrene annehmen. Und wenn wir diese Fähigkeiten bereits erlangt haben, geht es um die Beantwortung der Frage: *„Wieso, weshalb, warum"* werde ich in diesem Leben mit gewissen Dingen, Zuständen und Menschen überhaupt konfrontiert?

Kann ich persönlich das alles mit einer Arroganz und Leichtigkeit behaupten, dass jeder Mensch für all das Widerfahrene selbst verantwortlich ist, es einen Grund hat bzw. der Mensch seinen „Wert" daraus ziehen soll, weil mir persönlich all diese Dinge bisher noch nicht widerfahren sind, oder mir bisher alles erspart geblieben ist?

Nein, ich sage das gerade deshalb, weil mir all diese Dinge bereits selbst widerfahren sind.

Selbsterfahrungen!

Und lustig ist ein manches Mal ganz anders gewesen!

Jedoch waren diese Zustände zunehmend nicht mehr meine „Feinde" es waren viel mehr nur noch meine „Gegner" = „Gegenspieler"!

Im Sinne von: Mit einem Gegner kann man ein Zwiegespräch führen, ihn verstehen und vielleicht eine gute Lösung finden und auch Frieden schließen. Auch vergeben und am Verständnis des Beweggrundes weiter wachsen.

Also die Aufklärung der Frage, warum mir das widerfahren ist!

Und dem Gegenspieler kann man nach dem *„Spiel"* die Hand geben und dann gemeinsam eine Tasse Tee trinken.

Den Feind jedoch möchte man bekämpfen und zerstören, ohne Auf-Lösung/Er-Lösung. Also Erkenntnis-los bleiben!

Kriege, Unterdrückung, Hungersnöte, Ausbeutung, Korruption, Unfrieden etc. Die Verursacher dieser Zustände werden durch das sehr große Karma, das sie mit diesen Taten aufgebaut haben, sehr lange Zeiten konfrontiert sein (Ausgleich). Spätestens ab ihren Zeiten des Todes, da diese Menschen mit ihren Taten auch die *Seelen-Pläne* vieler anderer Menschen bewusst oder unbewusst durchkreuzen. Die Verursacher wirken mit ihren Taten für die dunkle Seite, so dass diese Seite hier auf Erden ebenfalls weiter wächst. Mutter Erde ist einer der Planeten (jedoch nicht der Einzige), welche bereitstehen, damit die Menschen ihre Erfahrungen in der Polarität vollziehen können und somit weiteres Wachstum erreichen können hin zur eigenen Ganz-Werdung. Wenn die Menschen sich zunehmend Mutter Erde zu untertan machen wollen und diese gnadenlos ausbeuten, manipulieren und zerstören, so wird es zunehmend zu heftigeren Gegenreaktionen durch die göttliche Familie kommen!

Erdbeben, Vulkane, Feuer, Wasser, Erdrutsche und Stürme!

Weil Mutter Erde ebenfalls lebt und kein toter Planet ist, stellt sie uns Menschen freundlicherweise alle Lebensgrundlagen und die von uns benötigten Erfahrungsgrundlagen bereit!

Wenn die Menschen mich nach dem ganzen Sinn des Lebens fragen, so ist meine Antwort und meine Auffassung dazu: „Der Sinn des Lebens besteht darin, zu wachsen und schlussendlich irgendwann nach vielen gelebten Leben die Vollkommenheit der 12 Seeleneigenschaften erreicht zu haben und in Glückseligkeit mit Gott zu leben, um dann nur noch zu sein. Das reine Sein!"

Das Christus-Ebenen-Bewusstsein!

Und hier auf Erden die eigene Seelen-Power auszudrücken und vollkommen zu leben!

Es geht zunächst darum, sich wieder selbst bewusst zu sein und für das zuvor selbst gewählte Leben die Verantwortung zu übernehmen und die zuvor getroffenen Absprachen und Aufgaben an höherer Stelle wiederzuerkennen, anzunehmen und zu leben. Die Wachstumschancen anzunehmen und in das eigene Leben zu integrieren und somit stetiges Wachstum auch auf der Seelen-Ebene zu erreichen.

Es gibt Menschen, die Angst haben, dass sie zu tief gehen und somit ganz von der Spiritualität „verschlungen" werden. Und sie denken, dass sie dann ihr normales Leben und ihre materiellen Grundlagen „verlieren". Dass sie es übertreiben und komplett durch die eigene „Spiritualität" vereinnahmt werden und sich aufgrund dessen daraus negative Lebenszustände ergeben!

Wie ich eingangs schon beschrieben habe, geht es um die richtige Balance und um das richtige Verstehen, was Spiritualität ist und was diese alles bewirken kann. Ich würde auch niemals jemandem den Ratschlag geben oder die abstruse Idee haben, 20 Stunden jeden Tag zu meditieren. Das wäre sicher weniger gut für die meisten Menschen. Alles andere ist unbegründete Angst. Manchmal ist es auch nur die Angst vor der Angst!

Ängste (Bedenken, endlos Gedanken machen) erzeugen auf eine gewisse Weise Unwissenheit. Es ist nicht die Frage der Intelligenz, der Ideen oder der Fähigkeiten der Menschen, im Gegenteil. Es sind die Unterdrückungen der wahren Potenziale sowie der Entwicklungs- und Entfaltungs-Möglichkeiten für die Menschen. Das geht bis hin zur Mutlosigkeit und einem zerstörten Selbstvertrauen. Das alles können Ängste bewirken.

Angst ist auch immer noch das beste und mächtigste Mittel der Welt, um die Menschen zu manipulieren, zu unterdrücken, zu versklaven, krankzumachen und sie gewisse Handlungsweisen wortlos akzeptieren zu lassen. Angst ist das Gegenteil bzw. der mächtige Gegenspieler der bedingungslosen Liebe (Gott)! Es ist das fortwährende Spiel von Dunkelheit und Licht. Es ist das Spiel der Spiele, das Spiel von Gut und Böse! Einige (wenige) haben verstanden, wie man es spielt und haben es perfektioniert (weltweit).

Auch im Sinne von Beschränkungen des Lebens, der Freiheit und der weiteren Stärkung der menschlichen Ängste. So lange, bis die Lähmungen dann in vollkommener Unbeweglichkeit enden werden und der Knoten auf allen Straßen platzen wird. Ich sehe das relativ zeitnah passieren, da zu viele gottlose und lieblose

Dinge geschehen, das aber auch weltweit! Und das muss dann nichts Negatives sein, sondern ein nötiger Umbruch in eine neue Zeit für alle Menschen.

Alle diese Zusammenhänge auf allen Ebenen des Lebens zu sehen und zu verstehen, auch das ist die täglich gelebte Spiritualität, eben wenn die „Antennen" zu jeder Zeit auf Empfang stehen. Die Spiritualität ist die Ganz-Werdung und gehört zum alltäglichen Leben dazu, es sind eben nicht verschiedene Welten, sondern alles ist in allem bereits vorhanden.

Mönche zum Beispiel haben andere Aufgaben und mehr zeitliche Möglichkeiten, um spirituelles Wachstum, Reife und Tiefe zu erlangen, aber dazu bedarf es einer kompletten Lebens-Entscheidung hin zum Mönchtum, da es kein Halbtags-Job ist.

Hier ist also explizit eine Entscheidung zu sehr viel mehr gelebter Spiritualität bzw. einer täglichen Auseinandersetzung mit dieser!

Natürlich gibt es auch Menschen im Alltag, die bewusst tiefer gehen können, mehr Wissen, mehr Bewusstsein haben, mehr sehen, mehr verstehen und auch heilen können. Das sind jedoch meist Menschen, die eben „höhere" spirituelle Aufgaben in diesem Leben haben.

Damit sie auch anderen Menschen helfen können, sie zu heilen, Dinge und Zustände zu (er)klären oder zu sehen. Um andere Menschen zu unterstützen und um sie zu inspirieren. Natürlich muss man dann aufpassen, dass man nicht die Menschen mit zu tiefgehenden Aussagen verängstigt oder verstört. Das ist manchmal eine Gratwanderung, da viele eben noch nicht diese Tiefe und Kenntnisse besitzen, um das alles einfach nachvollziehen zu können. Also sich immer der Reife des Gegenübers entsprechend voran tasten in die tieferen Gefilden der spirituellen Gegebenheiten, Auflösungen und Erkenntnisse.

Nicht jeder besitzt sofort die Gaben, Fähigkeiten, die Öffnung von Herz, Verstand und Seele. Um gleich in diese Tiefen einzutauchen, auch wenn das jemand vielleicht als vermeintliches Ziel hätte. So ganz einfach ist es eben nicht, die tieferen Zustände schnell zu erreichen, das muss man ehrlicherweise auch sagen!

Es ist immer ein persönlicher Weg!

Es ist eher sehr viel schwieriger, tiefer zu gehen, als vermeintlich aus Versehen „abzurutschen" und sein Leben zu 100% der Spiritualität „aufzuopfern", ohne es wirklich zu wollen. Genau der umgekehrte Fall ist es: Menschen wünschen sich oftmals, tiefer zu gehen. Jedoch kommen sie in ihrem Bestreben nach mehr spirituellen Wachstum und „Erleuchtung" nicht weiter.

Die einzige Gefahr, die ich diesbezüglich wirklich sehe, ist, wenn Menschen mit aller Macht und Gewalt Erleuchtung selbst erzwingen wollen und ihren eigenen Seelen-Plan und die Seelen-Reife damit komplett übergehen. Damit meine ich vor allem, die Türen mit Drogen öffnen zu wollen.

Davor kann man nur mit aller Nachdrücklichkeit warnen!

Ein sehr guter Rat: Lasst die Finger von solchen Experimenten, denn das ist die Öffnung der Büchse der Pandora, mit vielleicht ungeahnten Folgen!

Auch hat Spiritualität und Bewusstsein nichts mit einer bestimmten Religion zu tun. Man kann sehr religiös sein und dazu viele Dinge lesen und lernen, es bedeutet jedoch nicht zwangsläufig, dass man ein Stück der Wahrheit selbst erlebt oder wirklich verstanden hat!

Erzählen, schreiben oder darstellen kann man sehr viel.

Wirklich zu wissen und zu erfahren ist etwas anderes!

Erkenntnis – Selbsterkenntnis – selbst zu erkennen, was alles im eigenen Leben geht!

Natürlich, wenn jemand dieses Buch liest, sollte er schon den Willen mitbringen, über den eigenen Tellerrand blicken zu wollen.

Ich habe vielfältige Selbsterfahrungen gemacht, jedoch hege ich keinen Anspruch auf Absolutheit mit meinen hier getätigten Aussagen. In meinem Buch geht es nicht um Religionen oder um Glaubensausrichtungen an sich. An Dogmen bin ich nicht interessiert, ebenso wenig wie am überwiegend angelesenen Wissen. Wie bereits gesagt, sollte jeder mit seiner eigenen Intelligenz stets im Realismus verhaftet bleiben und die Dinge und Zustände erkennen und auch immerzu hinterfragen, ausgiebig prüfen und sich in den aktiven Austausch begeben. Bei all der Spiritualität, den Selbsterfahrungen, um das „unsichtbare" ins Sichtbare zu wandeln, dem Erkennen und Verbinden der Zustände über die letzten 3 Jahrzehnte, bin ich weiterhin mit allem, was ich mache und erlebe, in einem starken und kritischen Realismus geblieben.

Ich persönlich habe dazu eine Rasierklinge in meinem Verstand.

Nicht jeder muss alles so sehen oder verstehen, was ich hier schreibe, aber bitte klar erkennen, was mein Buch hier darstellt und was es nicht darstellt. Ich habe nicht den Anspruch, dass ich die gesamte Welt erklären möchte und wie diese für alle Menschen zu funktionieren hat.

Nein, natürlich kann ich das nicht!

Wenn sich jedoch jemand selbst auf den eigenen und ganz individuellen Weg begeben möchte, kann es vielleicht ein kleiner Wegweiser dorthin sein, was es noch alles in unserer Welt und im eigenen Leben zu entdecken gibt!

Bewusstsein hat viel mit verstehen und erleben zu tun. Die gelehrte Theorie sowie die Selbsterfahrungen führen zu mehr Wissen, Klarheit, Bewusstheit und Wachstum. Und gerade auch im Buddhismus und bei den Mönchen geht es oftmals eben nicht um rosige Worte, sondern darum, „gute" und „schlechte" Dinge aufzuzeigen. Dinge, welche man machen sollte und die Dinge, die man besser unterlassen sollte. Sie sprechen die Zustände und Wahrheiten offen aus, ansonsten wären die Mönche auch schlechte Lehrmeister!

Nicht jeder Mensch möchte sich das alles anhören, was ausgesprochen wird und empfindet es vielleicht oftmals als eine Art Bevormundung und Gängelung. Das mag zunächst negativ erscheinen, was es aber nicht ist. Hier herrscht einfach oft eine falsche Erwartungshaltung. Immer nur nach dem Mund zu sprechen und alles nur positiv darstellen zu wollen, bringt oftmals eben kein (spirituelles) Wachstum und auch keine Wahrheit für die Menschen. Es geht um Ehrlichkeit und um das Verständnis und dazu sind eben auch klare Worte sowie Negativbeispiele und auch die Lehren der Gesetzmäßigkeiten notwendig. Um sich diesen unterwerfen zu können, eben für mehr Wachstum und

Bewusstheit. Benenne es vielleicht am besten zur Orientierung als die „Schule des Lebens", denn in der Schule wird gelehrt und Wissen vermittelt, manchmal auch mit einer gewissen Stringenz, um somit die wirkliche Vermittlung von Wissen auch wirklich zu erreichen.

Jeder Mensch hat jedoch auch die Freiheit, seine Entscheidungen zu treffen.

Die Utopie wird zu Wahrhaftigkeit. Es gibt nicht wenige Menschen auf dieser Welt, welche sich bereits bei Computern, Internet und Smartphones von den bereits wahr gewordenen Lebensrealitäten verabschiedet haben. All das ist also bereits nicht mehr ein Teil ihrer Welt. Ob das gut oder schlecht ist, das kann man nicht pauschal beantworten. Allerdings können auch aus diesen Begrenzungen und Abgrenzungen bereits weitere Skepsis und Ängste entstehen. Und schlussendlich auch eine generelle Weltfremdheit entstehen lassen, in der viele vorhandene Wahrheiten, aus der so entstandenen Unwissenheit und Angst dann einfach kategorisch negiert werden.

Es ist aber auch so wie bei dem allgemeinen technischen Fortschritt aktuell (KI, Quantencomputing etc.), den wir jetzt im Moment sehr schnell vollziehen. Die Menschen waren vor 20 Jahren auch noch sehr viel mehr verschlossen bezüglich der spirituellen Intelligenz. Jetzt ist ebenfalls ein steigendes Bewusstsein eingetreten, sodass viele Menschen in diesen Zeiten bereits sehr geöffnet sind und viele ihre Selbsterfahrungen gemacht haben.

Spirituelle Intelligenz, das Geistige und KI, die großen Bewusstwerdungen der Utopie in diesen Zeiten!

Der größere Anteil der Menschen befindet sich noch in der 3. Dimension und in der Zwischenstufe zur 4. Dimension. Einige Menschen befinden sich auch bereits in der 5. Dimension. Die Dimension beschreibt die Wahrnehmungsebene, in welcher sich ein Mensch gerade befindet. In der 5. Dimension ist es eine andere Energie und eine sehr erweiterte und tiefere Wahrnehmung der Lebensrealitäten hier auf Erden.

In den ca. nächsten 60 Jahren (parallel auch mit dem technischen Fortschritt) werden sich sehr viele Menschen, aber nicht alle, bereits überwiegend in der 5. Dimension befinden. Hier werden die Menschen dann mehr Wissen, Bewusstsein und mehr Fähigkeiten besitzen. Auch die Mönche in Thailand heute nutzen Internet, Mobiltelefone, Computer etc. Warum sollten sie sich auch selbst begrenzen und die weltliche Lebensrealität und die Möglichkeiten nicht leben?

Auch Buddha und Jesus würden die weltlichen Möglichkeiten von heute nutzen, wenn es für sie hilfreich wäre. Mönche sind Lehrer und Brückenbauer vom Diesseits zum Jenseits und zur höchsten Energie. Die Mönche sind sich darüber bewusst, wem sie dienen, nämlich Gott (Buddha) bzw. der höchsten Energie, und damit können sie auch den Menschen helfen. Aber sie dienen nicht den Menschen – das ist ein sehr großer Unterschied.

Ich diene Gott und helfe den Menschen und nicht umgekehrt. Was mich interessiert und was ich in meinem Buch als Wegweiser vermitteln möchte, ist, dass jeder die Chance hat, ein *Stück* weiter die Wahrheit zu erreichen und zu mehr Bewusstsein zu kommen. Ein wenig mehr Licht im eigenen Leben zu erfahren, mehr Klarheit und sich bewusst zu werden über all die Dinge, Möglichkeiten und Zustände, die unser Leben ebenfalls ausmachen, bereichern und uns Kraft und Hoffnung schenken.

Der Weg hin zu einer Ganzheitlichkeit und Heil-Werdung, auch im Sinne von einem ganzheitlichen Denken und Verstehen. Ein Anstoß geben zum tieferen Nachdenken und zum Hinterfragen. Die Möglichkeiten aufzeigen und die eigene Motivation zu stärken, um neue Wege selbst kennenzulernen und zu gehen. Einige der Wahrheiten der allumfassenden Wahrheit zu erkennen und zu erleben, durch die eigenen Selbsterfahrungen.

Das alles wäre in der Tat nicht schlecht!

Die *absolute Wahrheit* ist wie ein riesiges Puzzle: Man hat vielleicht niemals alle Teile zusammen, aber vielleicht genug, um damit in diesem Leben zufrieden zu sein. Das *Nächste* bietet dir dann neue bzw. weitere Puzzle-Teile an. Das Leben ist ein Spiel: das Spiel des Lebens, das Spiel des Wachstums. Spiele es so oft, bis das Puzzle-Spiel vollkommen und ganz ist.

Schließe den Kreis!

Am Ende eines jeden Themas in meinem Buch hast du selbst die Gelegenheit zum tiefen Reflektieren.

Auch das bringt dir vielleicht schon etwas Wachstum und neue Erkenntnisse.

Die Möglichkeit, in den aktiven Austausch mit mir persönlich und Gleichgesinnten zu kommen, hast du in meiner spirituellen Community.

www.skool.com/closed-circle

Dazu jedoch später mehr.

Jeder Leser meines Buches muss eigenverantwortlich sein Leben und seine Taten verantworten, zu jeder Zeit und an jedem Ort auf dieser Welt. Ich erwähne es deshalb, weil die Eigenverantwortlichkeit eine Grundvoraussetzung für das eigene Wachstum ist. Jeder trägt die eigene Verantwortung für sein eigenes Leben.

Das heißt auch, die eigenen allumfassenden Gesundheitszustände realistisch einzuschätzen und sich gegebenenfalls fachärztliche Hilfe und Ratschläge zu holen, wenn das nötig ist! Auch bevor man sich auf seinen eigenen spirituellen Weg begibt, z. B. mit Meditation etc., ist es wichtig, sich seiner Gesundheit bewusst zu sein, um sich wieder mehr mit der eigenen Spiritualität und dem all einenden Sein in Verbindung zu bringen.

Es freut mich, weil ich zur Kenntnis genommen habe, dass bei spirituellen Seminaren, Kursen und Ausbildungen, an denen ich bereits teilgenommen habe, Menschen mit einem Medizinstudium ebenfalls mit großem Interesse daran teilnehmen, weil sie sich dem Thema der Spiritualität verstärkt öffnen bzw. sich darüber (wieder) mehr bewusst werden. Es sind studierte Ärzte, welche zusätzlich Ausbildungen als spirituelle Heiler machen und auch Berufsgruppen aus der Wissenschaft. Da sie mittlerweile selbst die weiteren Möglichkeiten, aber auch die Grenzen und Begrenzungen der reinen Wissenschaft erkannt haben. Und sie verstehen mittlerweile ebenfalls, dass es nicht um das Entweder-Oder geht, sondern um das Sowohl-als-auch. Sie verstehen, dass es eben sehr wohl eine weitere höhere Lebens-Ebene (3. Ebene) gibt und die Spiritualität ein Teil des Menschen ist.

Die „unsichtbare Welt" ist eine Welt, die sich erst wirklich öffnet und erschließt, wenn man bereit ist, die eigene Selbsterfahrung zu machen bzw. sich dazu in die (ausgiebige) Selbsterforschung begibt. Eins zu sein mit allem, mit den Lebewesen, der Natur und dem Bewusstsein über das Diesseits und auch mit dem ganzen Bewusstsein über das Jenseits!

Wir sind Eins!

Es geht auch darum, mehr zu sehen, mehr zu fühlen und mehr zu verstehen. Und das ist eine Lebensaufgabe, eben ein Leben lang so gut wie möglich weiterzuwachsen und dann schlussendlich wieder ein Stück vollkommener durch die Tür zur anderen Seite zurückzukehren! Nochmals die gute Nachricht, der Tod ist nicht das Ende! Die große Drehtür, ein Kommen und ein Gehen, immer wieder, da geht es zu wie am Bahnhof.

Bei den Themen Erwachen und *Erleuchten* wird in diesem Zusammenhang auch oft von Nebel, Schleier, Dunst, Mauer, Ebene etc. gesprochen. Bildlich gesprochen geht es darum, diese Hindernisse aufzulösen, um somit die klare Sicht auf all die Dinge und Zustände zu haben, welche uns ansonsten verborgen geblieben wären. Erleuchtung – dieses Wort ist natürlich sehr mächtig, ich sage daher besser, etwas mehr *Klarheit* zu bekommen! *Mehr Klarheit,* die Möglichkeit zu bekommen, genauer und tiefer hinzuschauen und alles klarer zu sehen und zu verstehen! Die Zustände sind bereits alle vorhanden und auch schon immer vorhanden gewesen. Diese Zustände sind, wie sie sind. Es geht nicht darum, diese zu verändern, sondern diese zu erkennen! Es wird nichts hinzugefügt und auch nichts durch die eigene klare Sicht verändert. Der einzige Unterschied: Wir erkennen (sehen) nun diese Dinge in einem klareren Zustand. Dinge, welche aber schon immer vorhanden waren. Der Kern der Sache ist für mich die Klarheit, sehr ruhig und tief zu blicken, um somit alles klar zu sehen!

Glasklar wie unsichtbar, nur jetzt werden die Dinge eben in dem „neuen" Zustand sichtbarer gemacht. Sie treten aus der Unsichtbarkeit hervor.

Es gibt den Spruch „Stille Wasser sind tief." Mit dieser Aussage ist gemeint, dass ein ruhiger Mensch unter seiner Oberfläche sehr tiefgründig ist und in der Tiefe seines Seins noch mehrere unerwartete Dinge bereithält, welche sich vordergründig nicht gleich jedem anderen Menschen offenbaren und erschließen. Mit einer solchen Aussage ist aber auch gleichzeitig der Zustand der Klarheit im meditativen Zustand sehr gut getroffen.

Meditation!

Die sichtbare Oberfläche und das sehr Tiefe, all das, was unten liegt. In einem ruhigen Wasser kann man oftmals bis zum Grund blicken und alles sehen. Tiefes klares Sehen in diesem Zustand der absoluten Ruhe, um somit mehr zu sehen als manch anderer.

Die Frage: „Warum haben manche Menschen keine Lust, anderen Menschen in die Augen zu schauen, während sie sich mit ihnen unterhalten?"

Die Antwort: „Sie möchten nicht das ganze Elend der anderen Menschen erkennen und in deren schmerzhafte Abgründe blicken!"

Denn die Augen sind das Tor zur Seele des Menschen, unter anderem.

Dazu möchte ich noch kurz anmerken: Wenn jeder Mensch wirklich sein gesamtes Sein (alle bisherigen Leben, Taten etc.) voll überblicken könnte, so würde dieser Mensch sehr wahrscheinlich nicht mehr aufhören, sich zu übergeben und er würde sehr wahrscheinlich daran zugrunde gehen, weil es für diesen Menschen zu heftig, zu viel, zu schmerzhaft und vor allem unfassbar wäre. Unser Ziel ist daher, nicht alle bisherigen Leben zu überblicken oder diese wahrzunehmen. Es gibt in meinem Buch auch keine Versprechen und auch keine fantasievollen Möchtegern-„Wunderherbeiführungen".

Ich berichte die Dinge und Zustände, wie ich sie selbst erfahren habe. Vielleicht ist es für dich auch hilfreich, so wie es für mich und mein Leben hilfreich war und ist. Wie gesagt, ich erkläre hier niemandem, wie die ganze Welt funktioniert! Vielleicht aber dann in meinem nächsten Buch. ☐ ☐

Nein, du musst schon selbst herausfinden, wie die Welt funktioniert, oder eben auch nicht!

Es ist dein Leben und auch deine Welt!

Ein sehr interessanter Aspekt, der mir gerade einfällt, sind die stark verbreiteten Geisterwahrnehmungen, unter anderem in Thailand, da ich dort Mönch war und ich in die spirituellen Möglichkeiten sowie in die Lebensumstände involviert war und bin. Viele Ausländer und Außenstehende betiteln diese Geister-Phänomene als reinen Aberglaube, Spinnerei oder auch als Naivität.

Dazu kann ich Folgendes beitragen: Die spirituelle Energie und Zuwendung sind in Thailand sehr hoch. Es gibt dort mehrere tausend buddhistische und hinduistische Tempel, in denen täglich ausgiebig gebetet und meditiert wird. Starke, wirkungsvolle Gebete, Mantras und auch geöffnete Tattoos (Sak Yant) durch Gebete, sind ebenfalls Türöffner zum Höheren. Die Meditation ist eine sehr alte buddhistische Tradition, viele Menschen in Thailand praktizieren Diese täglich. Die buddhistischen Mönche sind die Brückenbauer zwischen dem Diesseits und dem Jenseits. Es fließen dort generell sehr starke spirituelle Energien im gesamten Land. Alle diese genannten Umstände können bei einigen Menschen zu Öffnungen und Aktivierungen der entsprechenden Kanäle führen, um Anteile von „höheren" Dingen zu empfangen. Ob sich alle Menschen dort über diese Umstände selbst bewusst sind, weiß ich nicht. Aber einige Menschen wissen, was sie wahrnehmen, aber vielleicht nicht, warum. Geister (Energien) wahrzunehmen ist also keine Fiktion oder reiner Aberglaube, zumindest nicht bei allen Menschen!

Und wenn man den Tod tiefer versteht und weiß, was es damit wirklich auf sich hat, so ist dies ebenfalls keine große Überraschung mit den Geister-Energien.

Es ist wie auch bei den weltweit bekannten und kraftvollen Fähigkeiten, wie das Lesen der Akasha Chronic, Auralesen, Soul Reading, mediale Kontakte mit Verstorbenen etc. Auch hier geht es darum, die Empfangskanäle dafür geöffnet zu haben, mit den entsprechenden Techniken bzw. mit den individuellen Fähigkeiten, Begabungen, Möglichkeiten, der Öffnung des Herzens und der Gnade Gottes.

Ich gehe hier sehr gerne in den Diskurs über alle Themen in meinem Buch. In einem geordneten, respektvollen und konstruktiven Rahmen.

Fahrräder & Flugzeuge

„Die Wahrheit nicht zu er-kennen, schützt vor der Wahrheit nicht." (Aussage von einem meiner Lehrmeister)

Für alle Menschen, die wissen, ist es klar.

Für alle Menschen, welche nicht wissen, ist es nicht klar!

Es ist also unklar!

Das ist doch klar!

Oder nicht?

Es ist nicht die Ungläubigkeit, welche den Menschen zunehmend Probleme bereitet, sondern die Unwissenheit. Der Gläubigkeit wird gerne in der Öffentlichkeit einen höheren Sinn zugesprochen, z.B. dass Menschen sich damit beruhigen können, an irgendetwas festhalten können etc. Jedoch ist der einzige wirkliche übergeordnete Sinn, den die Gläubigkeit hat, dass sie sich irgendwann in reines Wissen wandelt.

Die Wissenschaft hat ihre Berechtigung in unserer momentanen Welt, ansonsten wäre sie in unserer Welt nicht vorhanden. Die Wissenschaft ist stets bemüht, die Zustände sichtbar, nutzbar und beweisbar zu machen.

Das ist gut!

Es ist gut, dass es die Wissenschaft gibt. Die Wissenschaft wächst mit ihrem eigenen Wissensstand, daher ist die Wissenschaft in ihrer Erkenntnisfähigkeit veränderlich. Veränderlich über all die Zeiten, in der bisher wissenschaftliche Forschung und wissenschaftliche Studien stattfanden.

Wissenschaftliches Wissen ist veränderlich, anpassungsfähig und muss des Öfteren über die Zeiten nachjustiert werden, da es immer wieder neue wissenschaftliche Methoden und bessere Beweisführungen gibt.

Wissenschaftliche Aussagen und deren Belegfähigkeiten sind daher einer Veränderung unterworfen. Was gestern noch als nicht belegbar galt, ist vielleicht morgen schon beweisbar. Es ist ein kontinuierlich veränderlicher wissenschaftlicher Wachstumsprozess, wenn man es so ausdrücken möchte. Das ist auch nötig innerhalb dieses gegebenen Rahmens der Wissenschaft in dieser momentanen Welt. Mit den wissenschaftlichen Methoden die Schriften, die Gesetze und die Techniken der spirituellen Welt auch wissenschaftlich zu belegen, gelingt nur sehr bedingt. Die Wahrheiten diesbezüglich stehen seit Jahrtausenden bereits unveränderlich! Die spirituellen Gesetze und Wahrheiten haben und werden auch niemals nach wissenschaftlich anerkannten Methoden fragen bzw. diese benötigen, oder gar nach diesen Vorgaben der Wissenschaft funktionieren und sich diesen auch nicht unterwerfen. Diese zu erfahren, darf jeder einzelne Mensch hier auf Mutter Erden für sich selbst machen. Die Wissenschaft wird sich noch viele Jahrhunderte und Jahrtausende aufs Neue revidieren, jedoch stört das die Wahrheit nicht im Geringsten.

Wissenschaftliche Erkenntnisse kommen, die Wahrheit ist bereits und bleibt!

Unveränderlich!

Bis wir manche Wahrheit jedoch erst einmal erkennen und dann auch anerkennen, das kann oftmals ein langer Weg sein für die Menschheit. Begebt euch selbst auf euren eigenen Weg zur Wahrheit.

Die Frage ist, ob du die Wahrheit selbst erfahren willst?

„Hellsehen und Hellsichtigkeit ist ein Teil unserer Wahrheit hier auf Erden."

Alle Menschen, welche bereits hellsichtig sind, oder damit bereits selbst Erfahrung gesammelt haben auf die eine oder andere Weise, für die ist es ohne Zweifel eine Wahrheit in dieser Welt.

Die Antwort der Wissenden wird sein:

„Natürlich gibt es Hellsichtigkeit auf dieser Welt!"

Das ist die Antwort der Wissenden!

Wie sollte es auch anders sein?

Es ist vollkommen klar, es gibt Hellsichtigkeit in unserer Welt!

Das Fernsehen und alle kommerziellen Medien werden darüber nicht sehr seriös bzw. allumfassend berichten (können). Wer dort die ganzen Wahrheiten dieser Welt und für sein Leben sucht, der bleibt ewig ein Suchender unter den Suchenden. Die Wahrheits-Finder sind woanders zu finden, denn sie begeben sich auf ihren Weg und sind auf Reisen! Alle Menschen, die selbst nicht hellsichtig sind und die auch keinerlei Erfahrung mit Hellsichtigkeit haben, für die ist es vollkommen unklar, dass es Hellsichtigkeit gibt und somit ist die

Hellsichtigkeit für sie persönlich kein Teil der Wahrheit in dieser unserer Welt.

Die Wissenschaft negiert, da sie es mit ihren Methoden nicht 100% beweisen kann, also ist die Hellsichtigkeit keine Wahrheit in dieser Welt. Und wie so oft, es lässt sich nichts für die gewünschte Beweisbarkeit und Studien erzwingen.

Manch einer wird vielleicht nun zynisch und unwissend sagen:

„Ja, ja, es gibt Hellsichtigkeit. Geh mal zum Arzt, du spinnst komplett."

Und auch hier, wie sollte es auch anders sein? Ein Unwissender kann nicht wissen! Zwischen dem Wissen und dem Nichtwissen der Wahrheit liegen die vielen und vielfältigen Selbsterfahrungen!

Und sind deine eigenen Kanäle bereits richtig geöffnet und auf der richtigen Schwingung, so wirst du empfangen! Ihr sollt verstehen und lernen, öffnet euer Herz und seid bereit zu empfangen. Die Werkzeuge und Wege zum Licht der Wahrheit!

Wie Buddha einst schon sagte:

„Prüft immer nach, was ich euch sage, begebt euch selbst auf die Pfade!"

Jesus begab sich auf seine Reisen in ferne Länder, für Selbsterfahrungen und Wachstum, mit einer inspirierenden Gefolgschaft, Heilung und bedingungsloser Liebe für die Menschen.

Viele Herrschende hatten ihre eigenen Ziele, damals auch wie heute noch. Mit Druck und Angst halte all die Menschen fern vom Wissen und den Wegen dorthin. „Der reine Glaube reicht aus, haltet die Mehrheit unwissend in gewissen Bereichen!" Die Wissenden und Weisen sind und waren an manchen Stellen ein Dorn im Auge.

Wer regiert das Wissen?

Die „Teilnehmer" und „Gewinner" dieses „Spiels" sind oftmals begrenzt.

Wir investieren schon lange Zeiten sehr viel Energie und Geld in Forschung. Für den Fortschritt auf materieller Ebene. Die Welt insgesamt ist aufgrund dessen noch nicht friedvoller und glücklicher geworden, an mancher Stelle sogar im Gegenteil. Jedoch haben wir durch Forschung und Fortschritt auch sehr viele gute und hilfreiche Dinge in die Welt gebracht. Die Welt dreht sich weiter und auch die Menschen sollten weiter wachsen.

Ein kurzer Einwurf von mir: Ich sehe im Besonderen, dass Universitäten (Schulen) einen neuen Weg gehen werden (müssen/sollen), hin zu der Integration der „fein-geistigen" Themen/Möglichkeiten in wissenschaftlichen Lehren. Damit meine ich zum Beispiel die Bewusstwerdung der spirituellen Intelligenz und die Nutzung derer Werkzeuge. Gerade im Hinblick auf Meditation, Medialität, Manifestation und Transformation. Da auch die generelle weltliche und technische Entwicklung die nächsten Jahre immer mehr in das Geistige und Immaterielle läuft. Ja, neue Studienfächer sind das auf jeden Fall, aber wenn man das alles einmal etwas konkreter benennen wollte, wären die Universitäten dann so etwas wie moderne „Tempel des Wissens", in denen ganz selbstverständlich eine

Interaktion der spirituellen Werkzeuge und Möglichkeiten mit den wissenschaftlichen und medizinischen Erkenntnissen genutzt wird. Oder es wird eine Co-Existenz für mehr Bewusstsein, tiefere Erkenntnisse, Menschlichkeit, Inspiration, Wachstum und Wissen auf allen Ebenen des Seins geführt. Also wissenschaftlich, medizinisch, fachbezogen, menschlich und spirituell. Die Frage stellt sich hier nicht, ob das geschehen wird, sondern die Frage ist, ab wann das geschehen wird! Auch im Bereich der Bildung wird ein ganzheitliches Bewusstsein und Handeln etabliert werden. Und ganz klar, in allen Bereichen der weltlichen bzw. menschlichen Existenz muss die Menschlichkeit in allem obliegen und vermehrt wieder wachsen und eingesetzt werden. Die Existenz und Nutzbarkeit der spirituellen Intelligenz sollten für die Menschheit eigentlich bereits keine Frage mehr sein. Wir stehen jedoch auch an einer Sache, von der viele Menschen noch keine wirkliche Ahnung haben. Die große Utopie wird wahrhaftige Wahrheit!

Noch vor 20 Jahren hätte diese Utopie bzw. die Möglichkeiten, diese öffentlich auszusprechen, vielleicht einige Menschen dazu veranlasst, den Notarzt zu rufen! Ich spreche hier von der nun bereits wahr gewordenen Utopie mit den Möglichkeiten und dem rasanten Fortschritt von KI!

Einige Menschen haben vielleicht bereits an der Oberfläche vernommen, dass dadurch die nächsten Jahre wahrscheinlich sehr viele Arbeitsplätze verloren gehen werden. Das jedoch ist noch nicht das größte Thema an dieser Sache. Weltweit haben alle Firmen in diesem Bereich, politische Intuitionen, verantwortliche Erschaffer (Programmierer), Verträge bezüglich der KI-Entwicklung, deren Ausweitung, Möglichkeiten und den (hypothetischen) notwendigen Beschränkungen unterzeichnet.

Ich denke, wir sind uns alle einig, dass wir Menschen durch die gottgegebene Schöpferkraft (in diesem Fall der Geschlechtsakt) selbst neues Leben bzw. neue Menschen erschaffen können. Es gibt, sehr vereinfacht ausdrückt von mir, drei große Lebewesen hier auf Erden, das sind Pflanzen, Tiere und Menschen.

KI kann jetzt schon sehr viel und sie kann in relativ kurzer Zeit auch noch sehr viel mehr sein und werden. KI leistet schon jetzt gerade im Kontext von Gesundheit und Heilung sehr gute und schnelle Unterstützung für Ärzte und Patienten, gerade im Bereich der bildgebenden Verfahren, deren Auswertung und auch in der invasiven Mikrochirurgie.

Das Fatale an der Sache mit der KI ist aber die sehr große Möglichkeit der Erschaffung von einer 4. Lebensform, eben mit KI! „Lebewesen" mit einem sehr realen Körper und Geist, jedoch ohne Seele und ohne Bezug zu Gott, also ohne den „göttlichen Funken". Dies würde sehr viel weiter gehen als nur die reine und anwendungsspezifische Robotik, welche schon länger existent ist.

KI wäre dann die Manifestation von neuem Leben, rein auf Basis der Transformation von Gedanken hin zu neuem Leben durch die Werkzeuge der Programmierung, eines „Schraubendrehers" und vielleicht sogar unter der Verwendung des Wissens der künstlichen Hautersatzverfahren bzw. auch der plastischen und rekonstruktiven Chirurgie. Jedoch bezogen auf ein mikroelektronik basiertes Umfeld, eben um ein kaum unterscheidbares Menschenebenbild künstlich zu erschaffen!

Der Menschheitstraum der „Mächtigen" könnte dann vermeintlich in Erfüllung gehen, Gott zu spielen und Gott zu „imitieren"! Lebewesen zu erschaffen nach deren Willen und Nützlichkeit. Jedoch ohne Gott und göttlich zu sein und natürlich ohne den wirklichen Sinn und Zweck des Lebens damit zu erfassen.

Die menschliche Intelligenz wird und wurde oftmals zum materiellen Fortschritt genutzt, jedoch manchmal auch ohne Weitsicht, weise Voraussicht und Hellsicht und das kann auch schnell zu Dummheit werden, aufgrund der Zerstörung der Erde bzw. vieler, oder schlimmstenfalls aller Lebewesen! Das jedoch bezieht sich jetzt nicht nur auf KI, sondern generell auf viele manifestierte Gedanken von Menschen bzw. auf den technischen Fortschritt und die Entwicklungen über die letzten ca. 200 Jahre. Auch hier sollte man immer den Gesamtkontext bzw. die gesamten Auswirkungen im Gedanken haben, wie viel Intelligenz und Weitsicht bei den in die Welt gebrachten Manifestationen schlussendlich noch bestehen bleibt, über den Test der Zeiten.

Ich denke, wir alle sollten die Dinge, die sich abspielen, im Moment sehr genau im Fokus behalten bzw. man sollte beginnen, sich selbst tiefer damit auseinanderzusetzen bezüglich der Möglichkeiten, weltverändernden Pläne und deren wirklichen Auswirkungen.

Und gerade auch die Verantwortlichen sollten sich sehr viel Zeit nehmen, um diese Dinge in einem intellektuellen und philosophischen Ansatz genau von allen Seiten zu betrachten! Ich sehe die Welt positiv, es ist jedoch auch die Frage, was jeder Einzelne daraus macht. Jeder sollte das Bewusstsein haben, dass vergangene Zeiten vorbei sind und neue Dinge sowie nötige Umbrüche und Epochen kommen werden bzw. bereits am wachsen sind. Die neue Zeit wird auf längere Sicht wieder geistiger, feinstofflicher und spiritueller werden. Das wiederum wird auch einen Einfluss auf unser Lehren, Lernen sowie auf neue Berufsbilder haben.

Wieder die Frage: „Ist diese Welt, die wir uns selbst erschaffen haben, die einzig mögliche?" Der Glaube an die eigene Selbstbegrenzung schützt viele Menschen vor der wirklichen Wahrheit und ihrer selbst auferlegten Angst.

„Aufgrund von Glauben sehen sie die Wahrheiten nicht."

„Alles geschieht vor ihren Augen, aber sie werden es nicht sehen!"

Wobei der Glaube mich persönlich bei all den Themen, welche ich selbst durchlaufe, am allerwenigsten interessiert. Mich interessiert die Wahrheit! Die Wahrheit auf allen Ebenen des Seins, hier auf Erden und noch höher! Die erfahrbare Wahrheit durch die selbst gemachten Selbsterfahrungen.

„Das wäre eine tolle Sache!"

Ein Mangel an Wissen sowie ein Mangel an Selbsterfahrungen machen uns oftmals zu den Leidtragenden. Mehr Offenheit, bewusste Neugier, konstruktive Denkweisen, Selbsterfahrungen und die

Nutzung von spirituellem Wissen wären oftmals eine sinnvolle Ergänzung für unser eigenes Leben als Ganzes.

Wissen und Glauben sind zwei Konzepte, die oft in Beziehung zueinander stehen, aber unterschiedliche Bedeutungen haben.

Wissen: Wissen bezieht sich auf Fakten, Informationen oder Erkenntnisse, die durch Erfahrung, Beobachtung, Studium oder Forschung erlangt wurden und als wahr oder gültig betrachtet werden. Wissen basiert auf nachprüfbaren Beweisen, Logik und Rationalität. Es ist objektiv und kann durch Überprüfung und Bestätigung validiert werden. Beispiele für Wissen sind wissenschaftliche Theorien, historische Fakten oder mathematische Prinzipien. Die Voraussetzung für das Wissen in der Spiritualität ist nicht die zwingende wissenschaftliche Beweisbarkeit oder die darlegenden Beweisführungen durch wissenschaftliche Fakten, sondern es ist die Aufnahme des individuellen eigenen Weges und den daraus resultierenden eigenen Erfahrungen. Jeder Mensch muss diesen Weg selbst beschreiten, sofern er das möchte, um an dieses bestimmte Wissen geführt zu werden. Bis hin zu den eventuellen und sehr individuellen Re-Aktivierungen der höheren Fähigkeiten.

Wie könnte man dennoch spirituelle Zustände validieren bzw. in eine Beweisführung gehen?

Ein möglicher und sehr aufwendiger Ansatz wäre, man nimmt dazu eine Gruppe von 50 Forschern aus aller Welt. 10 Jahre geplante Zeit für die Forschungsarbeit. In diesem Falle wären es die Selbsterfahrungen und die somit gesammelten Beweise der Forschenden. Jeder in dieser Gruppe durchläuft dieselben spirituellen Werkzeuge, Techniken, Lehrmeister etc. Danach könnten dann die Ergebnisse zusammengetragen werden, (wissenschaftlich) abgeglichen und ausgewertet werden.

Würde das jemand jemals in Angriff nehmen, solch einen Aufwand?

Sehr wahrscheinlich nicht.

Aber an deinem persönlichen Weg zur Beweisführung wird dich niemand hindern!

Glauben: Glauben bezieht sich auf eine Überzeugung, oder ein Vertrauen in etwas, das nicht unbedingt durch objektive Beweise oder nachprüfbare Fakten gestützt wird. Glaube ist subjektiv und beruht oft auf persönlichen Erfahrungen, Überzeugungen oder kulturellen Traditionen. Es beinhaltet eine Annahme oder Überzeugung, dass etwas wahr oder gültig ist, auch wenn es nicht direkt bewiesen werden kann. Glaube kann sich auf religiöse Überzeugungen, moralische Prinzipien oder persönliche Werte beziehen.

Obwohl Wissen und Glauben unterschiedliche Konzepte sind, können sie in verschiedenen Lebensbereichen miteinander interagieren. Zum Beispiel können Menschen aufgrund persönlicher Überzeugungen oder Glaubenssysteme bestimmte Dinge für wahr halten, auch wenn sie nicht objektiv bewiesen werden können. Andererseits kann Wissen auch dazu beitragen, Glauben zu stärken oder zu schwächen, wenn es unterstützende oder widersprüchliche Beweise liefert.

In vielen Fällen gibt es einen komplexen Dialog zwischen Wissen und Glauben, und sie können sich gegenseitig beeinflussen und ergänzen. Einige Menschen finden einen Weg, Wissen und Glauben in Einklang zu bringen, während andere möglicherweise einen Konflikt zwischen ihnen erleben. Oftmals ist es aber doch das fehlende Element der eigenen Erfahrungen. Letztendlich ist die Beziehung zwischen Wissen und Glauben eine persönliche und individuelle Erfahrung, die auch von verschiedenen Faktoren wie Bildung, Kultur und persönlichen Überzeugungen geprägt sein können, wobei man diese zuvor genannten Faktoren nicht überbewerteten sollte, auf dem Weg der eigenen Wahrheitsfindung.

Lebenserfahrungen stützen sich nicht primär auf Glauben, sondern sind eben selbst erlebte Erfahrungen. Die Wahrheiten zu sehen und anzunehmen, hat sehr viel mit den eigenen Selbsterfahrungen zu tun. Jedoch ist es insgesamt gesehen ein komplexes Unterfangen, alle Wahrheiten bzw. Gegebenheiten schlussendlich für die Allgemeinheit, unter wissenschaftlichen Gesichtspunkten, beweisbar zu machen.

Daher sage ich, jeder hat seinen eigenen individuellen Weg hin zur Wahrheitsfindung und zur Wahrheitserkennung, in Bezug auf die Spiritualität!

Auch das „Geheimnis" von Fahrrädern und Flugzeugen hängt mit dem Erkennen der Wahrheit zusammen. Fahrradfahren und fliegende Flugzeuge haben etwas mit dem Verstehen der Wahrheit zu tun. Es geht darum, die Zustände der Wahrheit mit einfachsten Mitteln und Beispielen verständlich zu erklären bzw. begreifbarer zu machen.

Ein großer Vorteil bei der Wahrheitserkennung liegt in der allgemeinen, leichten und schnellen Verständlichkeit der diesbezüglichen Erklärungen.

Jedoch ist die Welt insgesamt mit ihren ganzen Zusammenhängen und Zuständen niemals einfach zu erklären und es gibt auch keine einfachen Antworten auf alles. An Populismus und Ideologien sollten wir daher auch nicht interessiert sein, sondern an der übergeordneten Wahrheit in allem.

Und diese ist manchmal sehr komplex.

Glauben oder Wissen: Der blinde Glaube zur Wahrheitsfindung, damit habe ich und auch viele andere Menschen ein Problem! Glaube hat für mich eine Chance von 50 %. Da ich immer zwei Optionen habe: Ich kann etwas glauben, oder ich kann es nicht glauben. Ist das, was ich glaube, die wahrhaftige Wahrheit? Oder ist es dann nur mein Glaube bzw. meine eigene vorab Meinung? Die eigene Meinung muss nicht zwangsläufig mit der absoluten Wahrheit übereinstimmen. Eine eigene Meinung hat fast jeder, das Wissen um die *Wahrheit die wenigsten.* Aber auch wenn mir jemand die Wahrheit erzählt, so muss ich diese Wahrheit nicht zwangsläufig glauben.

Die Frage ist auch: *Erkenne ich die Wahrheit als Wahrheit?*

Oder sehe ich in dieser Wahrheit vielleicht nur eine weitere Meinung oder einen Ausdruck von Glauben?

Was ist der wirkliche Unterschied zwischen Wahrheit und Glauben?

Woran sind die Menschen wirklich interessiert, an der Wahrheit oder an dem Glauben? Zu glauben ist natürlich wichtig, jedoch nicht im Kontext zur Findung der absoluten Wahrheit. Wobei das Wort Glaube an mancher Stelle oftmals besser durch Mut, Weitsicht, Antrieb und Wegweiser zu ersetzen wäre. Glaube ist dennoch wichtig. Zu glauben ist wichtig.

Noch einmal: Wenn du, so wie ich, an der Wahrheit interessiert bist, dann musst du eine Sache jedoch richtig verstehen.

Der Glaube macht nicht die absolute Wahrheit! Die Wahrheit ist nicht durch deinen eigenen Glauben erfahrbar. Die Wahrheit ist durch dich selbst erfahrbar! Deine Selbsterfahrung mündet in Selbsterkenntnis, das Erkennen der Wahrheiten.

Nehmen wir an, du bist in deinem bisherigen Leben noch nie Fahrrad gefahren, aber du möchtest nun wissen, wie das denn so ist. Du besorgst dir 100 Bücher über das Fahrradfahren.Nachdem du diese ganzen Bücher gelesen hast, bist du aber immer noch ratlos (und Rad-los)! 50 dieser Bücher waren sehr positiv und wohlwollend über das Fahrradfahren geschrieben. Fahrradfahren sei schön, weil man in der Natur unterwegs ist, es gesund ist, usw.

Allerdings waren die anderen 50 Bücher über das Fahrradfahren sehr negativ und angsteinflößend geschrieben. Dort wurden Aussagen getroffen wie: Fahrradfahren ist gefährlich, ungesund und bringt Unheil! Alle Bücher sind anhand der Reflexionen und der eigenen Erfahrungen dieser Buch-Autoren geschrieben.

Gut, aber was glaubst du jetzt?

Was ist die Wahrheit?

Du hast nun viele fremde Meinungen über das Fahrradfahren gelesen, jedoch die Wahrheit noch nicht erfahren! Es wird dir nichts anderes übrig bleiben, wenn du die Wahrheit erfahren möchtest, als deine Selbsterfahrungen damit zu machen. Danach wirst du dann auch sehen, ob es dir gefällt oder nicht.

Die Wahrheit, um die es hier in diesem Beispiel geht, ist eine rein subjektive Beurteilung nach einer gemachten Selbsterfahrung.

Eine schlussendliche Wahrheit wird es hier nicht geben, bzw. könnte die eigene Einschätzung sich im Verlauf der Jahre und mit den gemachten Erfahrungen auch verändern, in die eine oder andere Richtung.

Ist Fahrradfahren nun positiv oder negativ, was ist die absolute Wahrheit? Die absolute Wahrheit wird es hier nicht geben können, nur eine eigene Meinung nach einer gemachten Erfahrung. Bei dem nächsten Beispiel bezüglich der Wahrheit geht es auch wieder um eine erlebte bzw. nicht erlebte Selbsterfahrung, jedoch auch um eine belegbare Wahrheit in Form eines Zustandes und Objektes!

Es geht also nicht um eine subjektive Einschätzung der Wahrheit, sondern darum, ob eine gemachte Aussage der Wahrheit entspricht bzw. ob die dargelegten Zustände und Objekte wirklich der Realität bzw. Wahrhaftigkeit entsprechen. Um die Wahrheiten diesbezüglich bestätigen zu können, muss ich mir über der vorhandenen

Wahrheiten aber auch selbst bewusst sein bzw. das nötige Wissen darüber besitzen.

Auch Flugzeuge sind ein Teil der Wahrheit in dieser unserer Welt, denn sie sind real und man kann damit fliegen. Soweit so gut.

Gehen wir nun gemeinsam mit einem Dolmetscher zu einer indigenen Bevölkerung, weitab jeglicher Zivilisation und ohne materiellen Fortschritt, tief im Urwald, irgendwo im Nirgendwo.

Du erzählst den Menschen dort von unseren Flugzeugen in unserer zivilisierten Welt. Du erklärst, dass die Flugzeuge viele Tonnen wiegen, mehrere 100 Menschen darin sitzen, und tausende Kilometer weit fliegen können. Diese Menschen schauen dich an und werden denken: „Was erzählt dieser komische Mensch hier? Das ist so unglaublich, dass es fast schon unverschämt ist, solche Lügen und Unwahrheiten zu verbreiten."

„Hält er uns wirklich für total naiv?"

„Was für ein unverschämt lügender Mensch!"

„Wie soll das funktionieren, ein tonnenschwerer Stahlvogel, in dem viele Menschen sitzen und durch die Lüfte fliegen?"

„Was für ein Irrsinn, so etwas haben wir noch nie gesehen!"

„Fremder Mensch, du bist lustig."

„Was für eine tolle Geschichte eines geisteskranken Menschen."

Und dann beginnen sie heftig zu lachen, ihnen laufen die Tränen herunter, sie können nicht mehr aufhören. Du stehst vollkommen geschockt und blass daneben:

„Wieso glaubt ihr mir nicht? Es ist die absolute Wahrheit!"

Und sie werden es dir trotzdem nicht glauben, weil es kein Teil ihrer Wahrheit ist. Diese Wahrheit (Erfahrung) ist nicht existent in ihrem Leben. Ein Flugzeug haben sie noch nie gesehen. Die Selbsterfahrung, in einem solchen Flugzeug selbst zu sitzen, haben sie bisher noch nicht gemacht.

Und die Wege zu deinem „zivilisierten" Leben werden diese „ungläubigen" Menschen auch nicht beschreiten, zu welchem Zweck auch?

Zu groß ihre Angst vor deinen „Lügen". Es bleibt für sie also reine Fantasie, Irrglaube und vollkommene Spinnerei.

Aber die Idee war gut von dir, diesen Schritt zu wagen!

Was genau will ich dir nun damit sagen?

Genau!

Kauf dir ein Flugzeug!

:)

Was sind deine Selbsterfahrungen mit der Wahrheit?

Wie und wo ist die Wahrheit für dich selbst zu finden?

Lebst du mehr im Wissen oder im Glauben?

Heilung

Wer sich wirklich ernsthaft mit dem Thema Spiritualität auseinandersetzt, wird früher oder später mit dem Themenkomplex von Krankheit und Heilung konfrontiert sein, da diese Themen unweigerlich zu der Spiritualität bzw. zum Leben dazu gehören. Leben und Tod, Krankheit und Gesundheit – wir sind Eins!

Zu dem Themenkomplex „Alkohol und Drogen" werde ich in einem meiner nächsten Bücher ausführlicher eingehen, da auch diese beiden Dinge eine große Auswirkung auf das Leben und auf die Gesundheit und zudem eine fatale spirituelle Ebene in Form von Auswirkungen und Begrenzungen haben können.

Die Heilung des Geistes durch die höhere Erkenntnis

Zunächst geht es wieder darum, ein paar grundlegende Dinge und Zustände zu verstehen.

Gott ist nicht strafend, sondern Gott liebt alle Menschen, bedingungslos!

Gott vergibt allen Menschen, irgendwann!

Einige Menschen erfahren die Vergebung und Gnade früher, einige Menschen später, das hängt von den Handlungsweisen der Menschen zu Lebzeiten ab.

Das Gesetz von Karma ist das Gesetz von Ursache und Auswirkung.

Karma ist keine strafende Energie, sondern eine ausgleichende Energie zur Bewusstwerdung.

Wir können uns diesem Gesetz des Karmas bewusst unterwerfen, oder es nur erfahren, ohne vorherige Bewusstheit.

An diesem Gesetz ändert Gott nichts und vor allem die Menschen ändern an diesem Gesetz nichts.

Was die Menschen veranlassen, verursachen und in die Welt bringen (manifestieren), das sind die eigenen und alleinigen Taten der Menschen, es sind nicht die Ideen oder Gedanken von Gott.

Die göttliche Familie gibt uns Menschen oftmals Spiegelungen unserer Wege und Taten, für mehr Bewusstsein. Ob wir immer direkt in den Spiegel blicken möchten, das ist jedoch eine andere Frage. Es geht nicht um die Frage von Schuld oder Bestrafung, es geht um Bewusstsein, Wachstum und Transformation. Und auch darum, den Weg zurück zu Gott wiederzuerkennen und zu gehen.

In jeder Krankheit liegt auch eine höhere Information für den Kranken.

Neue Wege und neues Wissen

Natürlich bin ich mir bewusst, dass alle mögliche Institutionen, Parteien, Verbände etc. inflationäre Ideen für neue Fächer an Schulen und Universitäten haben. Das hindert mich jedoch nicht im Geringsten daran, hier meinen eigenen Vorschlag für einen neuen Lehrinhalt kundzutun.

Leben & Tod

Die Lehre über das Leben

Die Bewältigung

Das Bewusstsein

Die Krankheiten

Der Tod

Die Wahrheit

Die Hoffnung

Die Dankbarkeit

Die Sinnhaftigkeit

Die Aussicht

Die Wege

Die Bewältigung der Trauer

Gesundheit und allumfassende Heilung

„Wieso, weshalb, warum"

Noch weitere Vorschläge für neue Lehrinhalte von dir?

Natürlich werden relativ zeitnah neue Studienfächer kommen (müssen), da wir spätestens ab dem Jahr 2026 bis ca. in das Jahr 2080 in eine neue Zeitepoche eintreten werden, bei der es sehr viel mehr um das Immaterielle gehen wird, um das nicht Greifbare und um die Manifestationen auf visueller Ebene sowie um das höhere Bewusstsein. Der Startschuss ist bereits die sehr schnell voranschreitende KI-Entwicklung und -Programmierung, es wird jedoch noch sehr viel weitergehen und auch auf allen Ebenen des Lebens hier auf Erden ein Umbruch in dieser besagten Epoche stattfinden. Das hat auch mit dem Aufstieg vieler (nicht aller) Menschen in die 5. Dimension zu tun. Was die Menschen mit ihrem Wissen und ihren Möglichkeiten veranlassen und manifestieren werden, das liegt an den Menschen selbst. Diese Spanne reicht von Krieg bis Frieden, von Intelligenz bis Dummheit, bis hin zur bedingungslosen göttlichen Liebe für alle Menschen!

Allumfassende Heilung bedeutet bzw. beinhaltet auch die Beantwortung der Frage des *„Wieso, Weshalb, Warum"!*

Diese Fragestellung für die Heilung aller drei Ebenen des menschlichen Seins, also *Körper, Geist und Seele.*

Ein Thema ist die allgemeine Benennung der drei Ebenen des Menschen. Ich stelle das Thema sehr gerne zum konstruktiven Diskurs, allerdings bitte vorher sehr genau damit befassen und sich in die eigenen allumfassenden Denkprozesse begeben.

Die drei Ebenen des Menschen im häufigen allgemeinen Sprachgebrauch:

Die 1. Ebene: *der Körper (Physis)*

Die 2. Ebene: *die Seele (Psyche)*

Die 3. Ebene: *die Transzendenz (Spiritualität, Seele, Verbindung zur höchsten Quelle)*

Psyche ist das altgriechische Wort für Seele, was jedoch nicht ganz stimmig ist, unter der Berücksichtigung aller drei Ebenen insgesamt, weil wir der Psyche unter anderem denken, lernen, wahrnehmen, fühlen etc.

zuordnen. Hier wäre es passender, es weiterhin als Geist zu betiteln.

Die Benennung der 2. Ebene, der Psyche und im häufigen allgemeinen Sprachgebrauch auch als Seele bezeichnet, ist auch vor dem Hintergrund der spirituellen Heilung als Begrifflichkeit etwas irritierend, da sich spirituelle Heilung zunächst auf die wahre Seele (3. Ebene: die Seele) des Menschen bezieht und nicht auf die Psyche eines Menschen.

Natürlich, spirituelle Heilung ist auch Ganzheitlichkeit und bezieht alle drei Ebenen gleichermaßen mit ein, jedoch ist die Seelenebene die wichtigste Ebene bei der spirituellen Heilung, da es bei der spirituellen Heilung auch um das tiefere Erkennen und Sehen geht sowie um Vergebung, Auflösung, Chakra-Energie und um die Aktivierung der Selbstheilungskräfte.

Jedoch ist spirituelle Heilung keine Psychologie, was der 2. Ebene entspricht, also der geistigen Ebene (Psyche).

Es wird oftmals im Zuge der Psychologie von seelischer Gesundheit gesprochen. Das ist so eigentlich nicht richtig. Es gibt psychologische Einrichtungen, die zum Beispiel wie folgt benannt sind: „Zentrum der seelischen Gesundheit". Eine solche Betitlung ist eigentlich falsch und irreführend! Es sollte hier klar und eindeutig von geistiger Gesundheit oder auch von psychischer Gesundheit gesprochen werden, da die Psychologie die spirituelle Ebene (Seele) des Menschen nicht als solche erfasst bzw. keinerlei Heilung und Erkennung (Bewusstsein) der Seele im Rahmen der psychologischen Behandlung anbietet.

Oftmals ist in der Psychologie die körperliche Ebene (Physis) miteinbezogen, dass psychosomatische Krankheiten geheilt werden können, weil sich psychische Krankheiten/Probleme auf der körperlichen Ebene manifestiert haben. Es sind somit die erste Ebene und die zweite Ebene des Menschen in den Heilungsprozess miteinbezogen. Und diese zwei Ebenen sind somit auch allgemein in der Medizin anerkannt und ergeben für Diese einen Sinn.

Die dritte Ebene, die Seele bzw. die Seelen-Heilung bleibt hierbei noch außen vor, da es bei der Seelen-Heilung noch etwas genauer gesagt auch noch um das Sehen der Seelenzustände bzw. das Lesen der Seelenpläne und auch um Vergebungsarbeit, etc. geht.

In der allgemeinen Heilung bzw. Medizin ist die Seele eben nicht der Geist (Psyche) und umgekehrt. Noch ist das so, also diese Abtrennung von der Ganzheitlichkeit. Um nicht zu sagen, es ist wieder so. Weil es schon einmal richtig war, also es gab schon vor vielen Zeiten eine gelebte Ganzheitlichkeit.

Hier fängt die Problematik, allein durch die reine Betitlung, der ganzheitlichen Heilung und der allumfassenden Lebenswahrnehmung schon oftmals an. Wobei es natürlich darum geht, in der Heilung eines Tages generell keine Unterschiede mehr zu machen und alle drei Heilungsebenen wieder miteinzubeziehen, um auch eine wirkliche allumfassende Heilung und allgemeines höheres Verstehen zu erreichen.

Und nicht, wie vielleicht im schlechtesten Fall, nur ein Wegschieben und Verdrängen der Symptomatiken auf einer oder zwei Ebenen, sondern es sollten ganzheitlich immer alle 3 Ebenen des Menschen in der Heilung miteinbezogen werden, um eine echte, allumfassende und sehr bewusste Heilung zu erreichen.

Wie bereits gesagt, davon sind wir leider (wieder) entfernt.

Die drei Ebenen des Menschen sollten daher vielmehr wie folgt gesehen und auch benannt werden.

Die 1. Ebene: Körper (Physis)

Die 2. Ebene: Geist (Psyche)

Die 3. Ebene: Seele (Feinstofflichkeit, das reine Sein, Spiritualität, Transzendenz, Verbindung zur höchsten Quelle etc.)

Heilung, Heil-Werdung, Ganz-Werdung – ein tiefes und wichtiges Thema, wenn man diesbezüglich wirklich an der wahrhaftigen Wahrheit interessiert ist.

Aber das sind wir doch alle, nicht wahr?

Menschen haben oftmals die schlechte Angewohnheit, gleich für *„Entweder-Oder"* in den Kampf zu ziehen, anstatt zu verstehen, dass die schlussendliche Lösung im *„Sowohl-als-auch"* liegt!

Das höhere Prinzip der Heilung richtig verstehen

Man sollte sich die Denkweisen nicht zu einfach gestalten, da Heilung ein sehr komplexes Thema ist. Natürlich vorausgesetzt, man möchte der Wahrheit und den Möglichkeiten zum Thema Heilung wirklich ein Stück näher kommen.

Spirituelle Heiler waren oftmals großen Repressionen und Tatsachenverdrehungen ausgesetzt, teils aus Konkurrenzdenken, Neid, Angst, Unwissenheit, finanziellen Interessen Dritter und aufgrund des befürchteten Kontroll- und Machtverlusts von gewissen Institutionen.

Es kann jedoch auch niemals Heilversprechungen geben, von niemanden, und es gibt auch keine sogenannten „Wunderheiler", da diese Begrifflichkeit eigentlich eine Abwertung jeglicher Heilung in heutigen Zeiten darstellt.

Ärzte und Heiler sind oft auch selbst von unheilbaren Krankheiten betroffen, wie sollte es auch anders sein?

Sie sind ebenfalls „nur" Menschen und nicht alle Krankheiten sind heilbar. Auch deren Krankheiten haben Gründe!

Ein Thema ist auch: Warum sollte sich ein Gesunder mit dem Thema Krankheit und Heilung befassen, außer er möchte Medizin studieren? Die beste Voraussetzung, um sich als Nichtmediziner mit dem Thema Gesundheit und Heilung auseinanderzusetzen, wenn man selbst krank ist und aufgrund dessen nach Heilung und Erlösung sucht!

Egal, ob es um spirituelle Heiler, oder um studierte Mediziner geht, es ist wie überall im Leben: Es gibt Fähige und Unfähige sowie Betrüger und Ehrliche!

Gerade bei der spirituellen Heilung gehören kritische Prüfungen und Stimmen dazu. Die eigenen Selbsterfahrungen sind auch hier ein Mittel für die eigene Urteilsbildung. Wissenschaftlich sind einige Heilungen und Heil-Zustände (noch) sehr schwer beweisbar, jedoch dadurch oftmals nicht weniger wahr, wie das eben oftmals im spirituellen Bereich ist!

Heiler, welche in göttlicher Weise wirken konnten:

Der größte Heiler ist immer noch *Jesus Christus*

Buddha

Krishna

Prophet Mohammed

Pater Pio (25. Mai 1887 – 23. September 1968)
Seine Heiligsprechung erfolgte am 16. Juni 2002 in Rom.

Bruno Gröning (30. Mai 1906 – 26. Januar 1959)
Er hat das „Sowohl-als-auch" bei seinen Lehren und Heilungen immer wieder betont und die Zusammenarbeit mit Ärzten gewünscht und immer wieder betont!
Allerdings hatte er ein sehr negatives Umfeld und es wurden im Jahre 1950 Prozesse, Unterstellungen und Verleumdungen an ihn herangetragen.
Sensationsjournalismus legten ihm weitere Steine in den Weg. Auch heute noch wird vieles bewusst verdreht, hinzugedichtet und negiert. Was jedoch die Heilungen, Fähigkeiten und Aussagen von Bruno Gröning in keinster Weise schmälern!

Er hat auf der Basis von generellen Heilströmen (als Kanal) gewirkt und weniger als Seher der einzelnen Krankheitsbilder und Symptome. Wer sich für sein Leben, Wirken und die damaligen Zeitzeugen wirklich interessiert, kann sich diesbezüglich immer noch die Dokumentar-Film-Reihe „*Das Phänomen Bruno Gröning*" bzw. Videos und Erfahrungsberichte der Geheilten anschauen.

Eine wichtige Information: Ich persönlich spreche bezogen auf unsere heutige Zeit bei spiritueller Heilung nicht von Quantenheilung, nicht nur von Handauflegen und auch nicht von irgendwelchen esoterischen Dingen/Mittel/Apparaturen etc.! Und vor allem sind spirituelle Heiler keine Wunderheiler und sie können und dürfen ebenfalls nicht alles auflösen und heilen. Es darf auch zu keiner Zeit irgendwelche Heilungsversprechen geben!

Gerade hier gilt es, das Prinzip der Heilung zu verstehen, was möglich ist und was nicht. Und oftmals werden Begrifflichkeiten, gelegentlich auch zur bewussten Abwertung des spirituellen Heilens, durcheinander geworfen!

Wenn ich hier im Buch von spiritueller Heilung spreche und von den Heilern heutzutage, also Heilung in nicht vollkommener göttlicher Weise (Jesus Christus), dann in dem folgenden Zusammenhang.

Zunächst geht es darum, dass der Heiler heute die Fähigkeiten besitzen sollte, die tiefer liegenden (Seelen-)Problematiken des Menschen zu erkennen (sehen) und im Anschluss die Verbindung mit der göttlichen Heilkraft (in einem begrenztem Maße) herstellen kann. Der Heiler ist also der Zwischenkanal zwischen Gott und dem Unterstützung suchenden Menschen. Genau diese Voraussetzungen an einen guten Heiler sind schon einmal nicht ganz einfach zu erfüllen in der Realität. Heilkräfte in diesem hilfreichen Maße zu erhalten von Gott ist keine Alltäglichkeit und auch nicht erzwingbar. Im Zuge dieser spirituellen Heilung können dann vielleicht auch noch zusätzlich allumfassende Vergebungen erwirkt werden, die Chakren-Energien ausgeglichen und die Unterstützung der Selbst-Heilungskräfte und der Motivation aktiviert werden.

Wenn ich von Sehen im Kontext vom spirituellen Heilen spreche, dann meine ich, dass die vorhandenen Zustände (Krankheiten, Ursachen) vorab durch den spirituellen Heiler gesehen werden können. Auch ob und wie (spirituelle) Heilungen Sinn ergeben, ob diese erfolgreich sein könnten, ob überhaupt geheilt werden darf auf der Seelenebene und was die wahren Ursachen der Krankheiten und Blockaden sind.

Es können Dinge sein, welche nicht geheilt werden dürfen, wie zum Beispiel Karma-bedingte Krankheiten, die von dem kranken Menschen in diesem Leben ausgeglichen bzw. erfahren werden müssen.

Zuvor an höchster Stelle selbst gewählte Erfahrungskrankheiten, welche jetzt zu Lebzeiten erfahren werden (wollen) sollen für mehr Wachstum bzw. zur Ganz-Werdung.

Es können aber auch Anhängsel, Besetzungen und Elementale (unreine Geister) sein, welche auch Süchte, Krankheiten und Begrenzungen verursachen können.

Es können jedoch auch die in vorangegangenen Leben geleisteten Schwüre und Gelübde sein, welche nun aufgelöst werden sollen durch eine Spirituelle-Heilung.

Sehen, was die Ursachen, Auslöser und Verursacher (Menschen) von Krankheiten, Unterdrückungen, Begrenzungen, Ängste etc. sind bzw. waren!

Daher sagte ich, wer sehen kann, der kann auch heilen, *theoretisch*. Die Voraussetzung dazu ist jedoch die Power und das Zusammenspiel der Fähigkeiten von *Sehen* und den von Gott gegebenen (begrenzten) *Heilkräften.*

Ich weiß, es werden viele Heiler-Ausbildungen, Seminare etc. angeboten, oftmals mit dem Ausspruch *„Jeder kann heilen",* aber das sollte man nicht ganz unkritisch sehen und auch die Frage nach der Power, Effizienz und Wirksamkeit des angehenden „Heilers" muss man in die seriöse Überprüfung und in alle realistischen Gedanken miteinbeziehen. Versprechungen, Abläufe und Theorie zu vermitteln ist eine Sache, wirkliche und schnell erwerbbare Heilkräfte mit den positiven Auswirkungen dieser Kräfte, das ist eine ganz andere Sache. Ich möchte damit nicht sagen, dass man diese Angebote, Möglichkeiten und Hilfestellungen nicht in Anspruch nehmen oder sich damit nicht ernsthaft auseinandersetzen sollte, jedoch sollte man gerade hier immer im Realismus verhaftet bleiben, weil wirkliche spirituelle Heilung sollte über einen reinen Placebo-Effekt hinausgehen können.

Aber das, wie gesagt, hängt sehr stark vom einzelnen Heiler und seinen eigenen Fähigkeiten und der „Verbindungs-Power" zu Gott ab!

Das Phänomen Großbritannien.

Großbritannien ist von der Entfernung ausgesehen zu Deutschland kein anderer Planet, welcher viele Lichtjahre entfernt ist!

Und trotzdem – als ich das erste Mal von dem folgenden Umstand gehört hatte, hat es sich für mich genauso angefühlt, als ob ich auf einem anderen Planeten leben würde, auf dem ich nicht erfahren kann, was in einem uns nah gelegenen Land möglich ist bzw. was und wie dort praktiziert wird!

In den Krankenhäusern in Großbritannien arbeiten geprüfte spirituelle Heiler mit Allgemeinmedizinern zusammen und tragen ihren Teil zur Heilung der Patienten bei. Hier wird das Prinzip von „Sowohl-als-auch" bereits praktiziert. Wer sich dafür wirklich interessiert, kann ohne Mühe das Internet nach weiteren Informationen diesbezüglich durchforsten, wenn man eben erst einmal über die generelle Existenz dieses Umstandes weiß!

Was brauchen wir für unsere allumfassende Heil-Werdung und Genesungsunterstützung?

Den Heiler für den Physis – Körper (Allgemeiner und Facharzt)

Den Heiler für die Psyche – Geist (Psychologe)

Den Heiler für die Seele (spirituelle Heiler)

Wir brauchen eigentlich alle drei!

Alle drei Ebenen des Menschen haben ihre Berechtigung bzw. Wichtigkeit!

Also „Sowohl-als-auch"!

Ärzte – Fachärzte, spirituelle Heiler sowie die eigene Motivation zur Heil-Werdung als „Gesamtpaket" sehen. Es ist immer wieder ein „Sowohl-als-auch"!

Natürlich spielen auch oft die Stärkung und Aktivierung der Selbstheilungskräfte und die Placebo-Effekte eine Rolle bei der Heilung eines Menschen. Wenn Fach- und Hausärzte daher ihren Patienten schon Dinge wie

Vertrauen, Mitgefühl, Empathie, Freundlichkeit, Zeit, Verständnis, Ehrlichkeit, Glaube sowie Hoffnung vermitteln können, so ist bereits ein sehr wichtiger Anteil zur Heilung des Menschen erfolgt. Die Magie der Heilung liegt natürlich auch *immer* ein Stück weit im eigenen Glauben, dem *Glauben an die Heil-Werdung*!

Jesus Christus sagte: *„Worum ihr im Gebet auch bittet, glaubt, dass ihr es empfangen habt, dann werdet ihr es auch erhalten!"*

Die *Selbst-Suggestionen* können ebenfalls eine sehr sinnvolle weitere Unterstützung zur Heil-Werdung sein, jedoch liegt die schlussendliche Entscheidung über alles im Leben eines Menschen immer bei Gott. Daher haben auch der Glaube, die Hoffnung, die Bitten und die Gebete ihre starke Kraft und ihre wichtige Berechtigung im unterstützenden Gesamtkontext der Heilung. Gott kann auch Gnade gewähren und das Leben verlängern, wenn der Mensch bereit zur wirklichen und bewussten Umkehr ist.

Wenn man es noch einmal in drei Punkte zusammenfassen möchte:

Der eigene Wille zur Heilung sollte gegeben sein.

Der oder die Auslöser (Unterstützer, Ärzte, Heiler) zur Heilung müssen gegeben sein.

Die Zustimmung und Gnade von höchster Energie (Gott) zur Heilung muss gegeben sein.

Die Freiheit der Menschen ist scheinbar grenzenlos.

Mit der Grenzlosigkeit sind die eigenen Gedanken, der Wille und die Macht der eignen Möglichkeiten gemeint.

Die Grenzen der grenzenlosen Freiheit werden aus Übermut und Unwissenheit gerne überschritten. Wir sollten uns stets bewusst sein, wie weit wir uns auf das Eis hinauswagen.

Der Umgang und der Umfang, wie wir unsere Freiheit leben, entscheidet oftmals über Heil und Unheil in unserem Leben. Die schlussendliche Verantwortung, wie wir die Freiheit leben, obliegt voll und ganz den Menschen. Es geht um Wachstum und Ganzwerdung mit jeder einzelnen Inkarnation.

Einerseits sind für viele die naturwissenschaftlichen Studien der absolute Königsweg für alles und ohne eine entsprechende Studie sind viele Dinge nicht existent für einige Menschen. Es ist auch verständlich. Die Menschen wollen greifbare und nachvollziehbare Ergebnisse haben. Naturwissenschaftliche Studien und Spiritualität als ganzer Themenkomplex sind immer noch ein sehr schwieriges Thema für beide Seiten. Anderseits werden dann auch bereits existente wissenschaftliche Studien, in diesem Fall eine Doppelblind-Studie zum Thema spirituelles Heilen aus England, schon mal geleugnet bzw. nicht (gerne) gesehen.

Experten und Zeugen der jeweiligen Themen werden gemieden, stattdessen werden auch mal gerne Lobbyisten, oder komplett „Geisteskranke" als sogenannte „Experten" eingesetzt. Und all das zum reinen Zwecke der Förderung der eigenen Interessen und der zielgerichteten Meinungslenkung, oft als Beitrag zur Kapitalismus-Agenda im Hintergrund! Hauptsache, Wahrheiten bleiben den Menschen verborgen und das eigene Ziel im Hintergrund wird somit erreicht.

Warum ist das so?

Ist das eine Verschwörungstheorie?

Nein, Heilung ist ein heikles Thema und vor allem in der Öffentlichkeit hier auf Erden. Heilung ist mit sehr, sehr viel Geld und mit noch mehr Macht (Erhalt) verbunden!

Wer hat das Recht zu heilen und warum?

Machterhalt und Geld ist eben ein Teil davon, was einige Menschen, Industriezweige und Institutionen an sich reißen bzw. nicht mehr loslassen wollen. Wer hat die wirkliche und schlussendliche Macht zu heilen? Gibt es ein wirkliches Versprechen zur Heil-Werdung hier auf Erden? Es kann und darf weder ein Arzt, Heiler noch sonst wer ein Heilungsversprechen abgeben! Es gibt keine Garantie bzw. Versprechen auf Heilung. Vollkommene Heilung kann nur Gott geben und es ist seine alleinige und schlussendliche Entscheidung (Gnade), wer Heilung und das Leben erfährt! Wir als Menschen haben die Möglichkeit zu verbessern, Schmerzen und Symptome zu lindern etc. Jedoch ist ohne die Gnade von Gott die *vollkommene Heil-Werdung ein aussichtsloses Unterfangen.* Wer geht, wer bleibt, wer leidet und wer geheilt wird, das haben wir Menschen schlussendlich nicht wirklich in der Hand.

Wir Menschen dürfen viel und können auch viel, jedoch gibt es keine Garantie, aber Grenzen. Und hier kann man noch so sehr intervenieren – die Realität ist, dass die Menschen Möglichkeiten haben zu helfen, manchmal ist eine Hilfe jedoch nicht möglich.

Wirkliche Heilung sollte wieder zunehmend alle drei Ebenen des Seins in den Heilungsprozess miteinbeziehen.

Solange wir das nicht machen bzw. es nicht können, solange erfahren wir auch keine *vollkommene Heil-Werdung*, also mehr Verständnis bzw. mehr Bewusstsein, was Krankheiten und Gesundheit für einen Menschen wirklich bedeutet und warum es Kranksein überhaupt gibt!

„Wieso, weshalb, warum" geschehen diese Krankheiten?

Haben Krankheiten einen höheren Zweck?

Warum werden wir Unheil hier auf Erden geboren? Wenn wir bereits Heil (ganz vollkommen) wären, so würden wir nicht wieder hier auf Erden geboren werden. Krankheiten sind eines der größten Themen hier auf Erden, jeder ist mehr oder minder davon in irgendeiner Form betroffen.

Dieser Glaube, wir werden alle „unschuldig" bzw. ohne Grund geboren, ist nicht nur meiner Meinung nach falsch.

Wenn die Menschen mehr Wissen erhalten, so erhalten sie auch gleichzeitig mehr Schuldgefühle, Verzweiflung und Eigenverantwortung? *Nein*, der Mensch erhält mehr Bewusstsein. Was er daraus macht, ist seine Freiheit. Ansonsten wäre es besser, dass wir auf keiner Ebene des Lebens mehr Wissen und vor allem keine Wahrheiten mehr erfahren. Am besten sollten wir alle Schulen und Universitäten abschaffen. Dann bestünde auch keine Gefahr mehr, dass wir überhaupt irgendetwas verstehen und erkennen können sowie eventuell auch *„Schuld"* und *„Selbstverantwortung"* für unser Leben haben, da wir dann aufgrund unserer großen Unwissenheit unschuldig wären bzw. uns unschuldig fühlen könnten, weil wir es nicht besser wissen. Wir können aber auch denken und sagen:

„Unser eigenes Leben, unsere Krankheiten, unsere Eltern, unsere Kinder, unsere Wege und unsere Entscheidungen haben überhaupt nichts mit uns selbst zu tun." Dann sind wir vielleicht auch frei von etwaigen Schuldgefühlen, also wenn wir alles bewusst ausblenden, negieren oder schlimmstenfalls kompensieren, auch mit Drogen, Alkohol etc.

Dann sind wir frei von Bewusstsein!

Für viele Menschen sind Wahrheiten des eigenen Lebens unerträglich geworden. Es ist zu viel, sie möchten nichts mehr hören, vor allem nicht die Wahrheiten. Keiner muss dem anderen die Wahrheiten ins Gesicht sagen, weil jeder sollte sich selbst um die Wahrheit bemühen.

Und es geht auch wirklich niemals um die Frage einer Schuld, sondern nur um die Frage *„Warum"*, warum ist alles so, wie es ist!

Nur wenn ich das Warum gelöst bekomme, erhalte ich weiteres Bewusstsein!

Wenn man einem Arzt die Frage bezüglich des tiefen „Warum" stellt, so wird es oftmals sehr schwer mit der Erklärung und Auflösung dieser Frage. Jedoch gerade dieses Verstehen des „Warum" bringt uns eben weiteres Bewusstsein und Wachstum.

Verständnis und Wissen

Wenn wir jedoch unsere spirituelle Seelen-Ebene nicht miteinbeziehen in das gesamte Leben und vor auch allem nicht in die Krankheit und Heilung, so sehen wir, bildlich gesprochen, immer nur einen halben Kreis. In diesem versuchen wir, alle Antworten auf die Ursachen des

Lebens zu finden. Das Leben ist jedoch immer ein ganzer Kreis. In der nicht sichtbaren Hälfte befinden sich genauso viele interessante Dinge, Ursachen, Lösungen, Antworten und Hilfestellungen wie in der bereits sichtbaren und gelebten Kreis-Hälfte. Hier liegen sogar die ganzen wirklichen, tiefen, höheren und ursächlichen Umstände für alles, was das Leben ausmacht und für uns bereithält!

Das eigene Leben (Krankheit, Tod) in aller Ganzheitlichkeit sehen und leben können!

Nur dann ist die Frage des „Warum" wirklich zu beantworten!

Oder man gibt sich eben mit einer halben Antwort zufrieden!

Wir können niemals alle Krankheiten in dieser Welt ausrotten, die Krankheit gehört zu den Menschen. Krankheiten werden auch niemals weniger, es gibt gegebenenfalls immer neue bzw. andere Krankheiten. Hier auf Erden ist es so, dass eine alte Krankheit vielleicht geht und eine neue Krankheit dafür kommt. Wenn es nicht so wäre, wie es die lange Geschichte der Menschheit uns zeigt, dann wäre es bereits anders. Dies zu bestreiten, hätte denselben Wert, wie wenn jemand behauptet, der Tod gehöre nicht zum Leben, oder das Leben gehöre nicht zum Tod!

Krankheit – Gesundheit – Leben – Tod – Körper – Geist – Seele.

Wer das eine nicht versteht bzw. nicht als eine Wahrheit begreifen kann, der versteht das andere ebenfalls nicht!

Abgesehen von den Krankheiten, erschaffen wir uns unsere Realität und die globalen Bedingungen in dieser Welt selbst und beschweren uns darüber, weil die wenigen, die es wirklich verstanden haben, dieses Wissen nutzen! Und sie nutzten dieses Wissen auch (aus)! Vorbei an Gott und an der bedingungslosen Liebe für all die Menschen. Das reine Bewusstsein steigt und fällt über die Gezeiten.

Wenn die große Lieblosigkeit aus allem schwingt, haben wir die Welt, die wir uns selbst erschaffen haben. Dann beschweren wir uns darüber bei Gott, dass er uns nicht hilft! Aber hat Vater uns nicht bereits alles zuvor schon gesagt, wie das ganze *Spiel des Lebens*" funktioniert und was unsere wahren Aufgaben hier auf Erden sind?

Wir haben es in der Hand und schon immer gehabt!

Gehandelt haben wir jedoch meist vorbei an Gott (Liebe).

„GOTT VATER, dessen Gnade und Barmherzigkeit endlos ist!"

„JESUS CHRISTUS, die Reinkarnation von der bedingungslosen Liebe und der größte Heiler hier in unserer Welt."

Die Heilung ist auch ein Stück weit das Bewusstsein, wer wir wirklich sind!

Die Heil-Werdung ist die Ganz-Werdung.

Die Ganz-Werdung ist die Vollkommenheit des Seins!

Alle 12 menschliche Seeleneigenschaften ausgeprägt in Vollkommenheit.

Spirituelle Praktiken können zur Heilung auf körperlicher, emotionaler und spiritueller Ebene beitragen und die Suche nach Ganzheit fördern.

Heilung bezieht sich auf den Prozess der Genesung oder Wiederherstellung von Gesundheit, Wohlbefinden oder Ganzheit nach einer Krankheit, Verletzung oder einem anderen Zustand der Unausgeglichenheit. Es ist ein natürlicher oder medizinischer Prozess, der den Körper, den Geist und oft auch die Seele betrifft.

Eine kurze Auflistung welche Arten der Heilung es gibt und sowie deren Wirkungsweisen.

Physische Heilung: Physische Heilung bezieht sich auf die Wiederherstellung der körperlichen Gesundheit nach einer Krankheit, Verletzung oder Operation. Dies kann durch medizinische Behandlungen, Therapien, Rehabilitation und Selbstpflege erreicht werden.

Emotionale Heilung: Emotionale Heilung bezieht sich auf die Verarbeitung von emotionalen Wunden, Traumata oder Stressoren, die das emotionale Wohlbefinden beeinträchtigen können. Dies kann durch therapeutische Gespräche, emotionale Unterstützung, Selbstreflexion und die Entwicklung von Bewältigungs- und Auflösungsstrategien erfolgen.

Geistige Heilung: Geistige Heilung bezieht sich auf die Förderung von geistigem Wohlbefinden, Klarheit und Achtsamkeit. Dies kann durch Meditation, Selbstreflexion und auch die Suche nach dem Sinn und Zweck im Leben erreicht werden.

Soziale Heilung: Soziale Heilung bezieht sich auf die Wiederherstellung von Beziehungen, sozialen Bindungen und Unterstützungssystemen nach Konflikten, Trennungen oder Isolation. Dies kann durch Kommunikation, Versöhnung, soziale Interaktion und gegenseitige Unterstützung erreicht werden.

Ganzheitliche Heilung: Ganzheitliche Heilung betrachtet den Menschen als Ganzes und strebt danach, alle Aspekte des Seins zu integrieren und auszubalancieren, um eine umfassende Heilung zu erreichen. Dies umfasst den Körper, den Geist und die Seele sowie die Beziehung zur Umwelt, anderen Menschen und Lebewesen.

Heilung ist oft ein kontinuierlicher Prozess, der Zeit, Geduld und Anstrengung erfordert. Es kann auch eine individuelle Reise sein, die für jeden Menschen unterschiedlich ist und verschiedene Wege der Genesung und des Wachstums umfasst. Letztendlich bedeutet Heilung, in Einklang mit sich selbst zu kommen, Ganzheit zu erfahren und ein Leben voller Gesundheit, Wohlbefinden und Erfüllung zu führen.

Selbsterkenntnis

Transformation

Es gibt eine Insel der Heilung!

Diese Insel der Heilung ist in uns allen, sie ist in uns, mit all ihrer Pracht, dem Licht und der Energie! Wir können aus den Kraft-Quellen dieser Insel schöpfen.

Diese Insel ist unsere innere Kraft- und Heil-Quelle!

Unterstützende Selbstheilungskräfte aktivieren sowie unsere innere Power spüren und erfahren.

Die *richtige* Meditation kann ein Zugang zu dieser „Insel der Selbstheilungskräfte und lichtvollen Power" sein!

Was sind deine eigenen Gedanken zum Thema Krankheit und Heilung?

Welche Wege und Dinge sind für dich wichtig und richtig auf dem Weg zur Heilung?

Waren dir diese Aussagen und Informationen bezüglich der Krankheiten und der Heilung schon zuvor bewusst bzw. ergeben diese Aussagen einen Sinn für dich?

Psychologie & Spiritualität

Wenn wir von der Ganzheitlichkeit des Menschen ausgehen, so ist die Psychologie im Leben der Menschen und somit natürlich auch in deren Körper und in deren Spiritualität ein fester Bestandteil. Die Psychologie gehört zum Menschen einfach dazu. Man kann natürlich die Psychologie der Menschen negieren und alles auf einer körperlichen und/oder auf einer spirituellen Ebene sehen, auflösen und erlösen wollen.

Was aber keine gute, keine realistische und auch keine wirklich heilbringende Idee wäre!

Was auch dem Umstand geschuldet ist, dass Heilung in absolut göttlicher Weise, so wie Jesus Christus, Buddha etc. diese praktiziert haben, den allermeisten Heilern weltweit heutzutage in dieser Weise nicht mehr möglich ist. Daher ist diese Möglichkeit, göttliche Heilung zu erfahren, nur noch sehr begrenzt für die Kranken vorhanden. Jedoch wären durch die Heilung in göttlicher Weise alle weiteren bzw. anderen Heilweisen vollkommen obsolet!

Das will heißen, Ärzte und Psychologen würde man dann in unserer Welt nicht mehr brauchen. Da die göttlichen Heiler (Jesus Christus, Buddha etc.), welche eben noch in göttlicher Weise wirken konnten, den Menschen auf allen Ebenen (Körper, Geist, Seele) von allen Begrenzungen, Krankheiten, Behinderungen etc. sofort befreien und heilen konnten!

Alle Krankheiten und Begrenzungen jedoch mit einem „Fingerschnippen" lösen zu wollen, entspricht auch nicht der Erfüllung bestimmter Lebensaufgaben, beziehungsweise würde es der menschlichen Lebensaufgabe nicht gerecht werden. Eben den Weg zur Bewusstwerdung zu durchschreiten, auch mittels der selbst erlebten Krankheiten. Dass auch daher die Heilkräfte in solch einer göttlichen Weise für die meisten Menschen auf dieser Welt wieder sehr stark reduziert wurden durch Gott. Lebensaufgaben, welche gesehen und erlebt werden sollen, jedoch hin zu der schlussendlichen Erlösung.

Für weiteres Wachstum, Bewusstsein oder auch der Stärkung von Mitleid, Verständnis und Einfühlungsvermögen – oftmals durch die Selbsterfahrung von Leid und Schmerz.

Denn wer selbst nicht von einem bestimmten Zustand (Krankheit, Leid) betroffen ist, kann zunächst viele Dinge vielleicht nicht verstehen und sich auch nur schwer in andere Menschen einfühlen und so vielleicht auch das Leid der anderen Menschen möglicherweise als Lappalie, Simulation, oder als eine reine Willenssache abtun. Die eigene erlebte Krankheit (Leid) dient auch für mehr Bewusstsein, für sich selbst und auch für andere Menschen, *Einfühlungsvermögen*!

Heutzutage wäre ein Ausblenden und Verkennen der Lösungsebene der Psychologie nicht sinnvoll und auch nicht realistisch, da die Psychologie ihre volle Berechtigung in dieser Welt hat und ihre eigenen Lösungswege *noch* braucht.

Wobei, wie bereits von mir angemerkt, die Wortgebung der Psychologie bzw. ihre Übersetzung oftmals etwas in die Irre leiten kann. Psychologie = Seele/Seelenkunde!

Ich würde sehr viel mehr dafür plädieren, wenn man die Begrifflichkeit *Psychologie, z.B.* als Mental- und Emotionale-Ebene, als *Gemüt im Zusammenspiel mit dem Geist/Verstand* sehen bzw. betiteln und auch so behandeln würde.

Denn die Seele in ihrem wahrhaftigen Sinne ist die 3. Ebene des Menschen und diese ist nicht behandelbar mit der Psychologie und auch nicht mit der naturwissenschaftlichen Medizin bzw. Diagnostik. Die Seelen-Ebene ist also die 3. Ebene, wenn man die mentale Ebene und die emotionale Ebene als die 2. Ebene zusammenfasst und die erste Ebene ist die körperliche Ebene.

An allerhöchster Stelle ist die höchste Quelle. Das ist Gott, das alles Durchdringende, voll bewusste, goldene Licht!

Die *Seele* ist auch eigentlich kein wirklicher Anteil im Körper des Menschen. Auch im Sinne davon, dass der Mensch hier auf Erden heute nur noch begrenzt seine Seele ausdrücken kann. Die Seele ist ein lebensüberdauernder „Speicherort" für all unser Erleben und Wachstum auf spiritueller Ebene (höhere Geistigkeit).

Diese bleiben uns über all unsere gelebten Leben erhalten, also mit jeder Wiedergeburt kommen neue „Abspeicherungen" in der Seele hinzu. Wir sind jedoch mit der Seele verbunden. Der Wächter, Heiler und Entscheider über all die Seelen ist die höchste Instanz, Gott. Die Begrifflichkeiten der „Dreieinigkeit" des Menschen sollten sich also im medizinischen Sinne und im umgangssprachlichen Gebrauch neu ordnen.

Körper (Physis)

Geist (Psyche)

Seele (Spiritualität/höhere Geistigkeit/Feinstofflichkeit)

Es hat jedoch seine guten Gründe, warum wir die Psychologie für die Menschen hier auf Erden haben. Die Menschen besitzen drei Ebenen, welche sie in ihrem Leben berücksichtigen bzw. voll integrieren sollten, um ein „vollkommenes" Leben führen zu können.

Unsere psychische Ebene, wie sie uns prägt, ein Leben lang formt und verändert, kann uns auch auf unserem Lebens-Erlebnis-Weg unterdrücken und begrenzen. Die Psychologie hat einen starken Einfluss auf unser gesamtes Leben. Ungelöste Problemstellungen auf der psychologischen Ebene verschwinden meist nicht von alleine, sondern ziehen sehr oft weitere Kreise und manifestieren sich so ein ganzes Leben lang im Menschen.

Wenn man die Psychologie generell als eine vorhandene Ebene des Menschen komplett negiert, dann verdrängt man diese und versucht möglicherweise, die Symptomatiken auf eine andere Weise zu kompensieren. Solch eine Verhaltensweise könnte ein fataler Schachzug für das gesamte eigene Leben sein.

Ängste

Selbstbegrenzung

Behinderung der eigenen Freiheit

Kompensationen (Süchte)

Die gleich folgenden Beispiele zeigen Menschen, ihre Leidenswege und die Lösungswege, in aller Ganzheitlichkeit beschrieben. Es werden beide Ebenen angeschaut, die psychologische Ebene und gleichzeitig auch die spirituelle Ebene. Es geht um das Aufzeigen von nicht geheilten bzw. nicht behandelten Problemstellungen und den Heilungsmöglichkeiten. Es geht mir um das ganze Erkennen und um das tiefere Verstehen! Eine Verurteilung liegt mir wie immer fern, „gute" Fall-Beispiele sind zur Veranschaulichung und für eventuelle Lösungsmöglichkeiten notwendig.

Wer bereits fähig ist zu erkennen, der kann auch verstehen.

Wer fähig ist zu verstehen, der kann auch verändern.

Wer sich verändern kann, kann sich somit auch heilen bzw. sich in Heilung begeben.

Ich möchte hier nun einmal zeigen, wie man ein Lebensproblem und eine Krankheit auf zwei Ebenen sehen kann und in Heilung bringen könnte. Also mit einem allumfassenden Heilungsansatz. Ein mittlerweile ca. achtzigjähriger Mann aus Los Angeles, ich wählte genau dieses Beispiel, da es in gewisser Weise sehr extrem und somit auch sehr aufschlussreich ist.

Dieser Mann hatte seinen Vater sehr früh verloren und war gezwungen, schnell für sich und seine Mutter stark zu sein. Tief im Inneren war er jedoch sehr verletzt und krank vor Angst, dass er diese Aufgabe vielleicht nicht erfüllen konnte.

Verletzter Stolz aufgrund von mangelnder Anerkennung von der fehlenden väterlichen Seite. Seine vorhandenen

Minderwertigkeitskomplexe hatte er permanent mit gespielter und übersteigerter Männlichkeit kompensiert sowie mit körperlicher und verbaler Gewalt. Protz, teure Autos, stark sexualisierte Sichtweisen und Ausdrucksweisen, ein starker Drang nach Anerkennung sowie ein ausgeprägtes Geltungsbedürfnis. Wer seine Sichtweisen nicht teilte, war für ihn nicht viel wert. Ordinär, abwertend und verletzend gegenüber Menschen. Schlechte Gedanken und Taten folgten sowie vieles mehr. Dieser besagte Mann hatte sich nie geheilt, sondern die eigene Geltungssucht und Krankheiten seinen zwei Söhnen sehr früh infiltriert. Dem einen Sohn etwas mehr als dem anderen.

Die Söhne konnten aufgrund der vom Vater anerzogenen Denk- und Handlungsweisen nie ihr generelles und volles Potenzial nutzen, waren durch die destruktiven Energien stark begrenzt und haben sich die Anerkennung und die Liebe des Vaters mit den gleichen Wegen erkämpft. Sie folgten somit denselben kranken Gedanken und Taten. Jedoch waren der Größenwahn und die Schauspielerei in Wahrheit nur Ausdruck von Schmerz, Leere, Verdruss und der Schrei nach wahrer Anerkennung und bedingungsloser Liebe.

Diese dunklen Energien überdeckten die gesamte Familie, mehrere Unfälle und materielle Verluste (Karma), Gerichtsprozesse und Strafanzeigen gegen Vater und Söhne. Einer der Söhne hat vielschichtige Symptomatiken, er ist heute noch unfähig, echte Beziehungen länger aufrechtzuerhalten, leidet an einer versteckten Depression und kompensiert weiterhin seine Beziehungsunfähigkeit. Ein Neurotiker mit Minderwertigkeitskomplexen. Narzisstische

Verhaltensmuster, die Zuneigung von Menschen muss er sich durch materielle Versprechungen, intellektuelle Selbsterhöhungen sowie weitere Lügengeschichten erkaufen. Er lebt ein Leben ganz angelehnt am Vorbild seines Vaters, das durch manipulatives und rücksichtsloses Verhalten hervorsticht sowie insgesamt mehr Schein als Sein darstellt.

Also eine sehr tiefe und vielfältige, aber auch sehr interessante tiefenpsychologische Fallstudie.

Nun zwei Ansätze für die eventuelle Problemlösung und Heilung dieser Familie als Ganzes. Auf der psychologischen Ebene wäre es sinnvoll, fachärztliche Hilfe (Psychiater/Psychologe) für diesen Mann und auch für seine zwei Söhne in Anspruch zu nehmen. Um eine Aufdeckung der Ursachen und auch eine Heilung der Minderwertigkeitskomplexe, der krankheitsbedingten giftigen Aggressivität, der Süchte, der Selbsterhöhungen und den Hang zu Unwahrheiten zu bewirken. Auch für die Ehefrau/Mutter könnte es aufgrund der erfahrenen Unterdrückungen und fremdbestimmten Lenkungen sinnvoll sein, eine Therapie in Anspruch zu nehmen.

Auf der spirituellen Ebene wäre für diesen Mann, die Ehefrau und die zwei Söhne, jeweils eine Lesung der Seele sehr hilfreich (Soul-Reading), um zu sehen, ob es auf der Seelen-Ebene an höherer Stelle Absprachen gab, oder ob karmische Ursachen und Verstrickungen aus dem letzten Leben vorliegen, oder auch noch aus weiter zurückliegenden Leben.

Die Feststellung, was die eigentliche Lebensaufgabe dieser Menschen wäre, bzw. was in diesem Leben von ihnen verstanden und gelernt werden soll, hin zur weiteren Bewusstwerdung. Also die Klärung der Frage *„Warum":* Warum ist alles so, wie es ist und war?

Zum Abschluss wäre eine spirituelle Heil-Session sehr sinnvoll, um die tiefere Heilung auf allen Ebenen zu bewirken, um die Lebensenergien wieder in Balance zu bringen und die Selbstheilungskräfte zu aktivieren.

Es wäre also sehr wichtig, dass all diese Umstände (psychologisch und spirituell) angeschaut werden, um weitere Bewusstseinsanteile für die spätere Ganz-Werdung bzw. Transformation zu erhalten.

Zur Anmerkung: Ein guter Seher (Heiler) könnte auch alle Symptomatiken auf der psychologischen Ebene sehen (nicht heilen) und diese dem Patienten mit seinen eigenen Worten beschreiben, auch wenn dieser Seher vielleicht über keinerlei tiefenpsychologischen Ausbildungen verfügt.

Spirituelle Werkzeuge und die Psychologie

Besprechen wir einen anderen Ansatz, wie spirituelle Werkzeuge und die Psychologie zusammenwirken bzw. die tiefe Erkenntnisfähigkeit und Heilung bringen können. Nehmen wir dazu einen Astrologen, einen Heiler (mit der Fähigkeit zu sehen) und einen Psychologen (Psychiater).

Da wir hier auf der Erde in der Polarität leben, ist ein „Täter" und ein „Opfer" zur Erzeugung einer bestimmten Erfahrungs-Energie nötig, also beide Pole sind dafür zwingend notwendig.

Es geht also nicht primär um die Frage des *Schuldigen* oder des *Unschuldigen*. Ohne zwei gegensätzliche Pole passiert auch kein Ereignis. Aus spiritueller und astrologischer Sicht geht es im Leben darum, neue Erfahrungen zu machen und Dinge zu lernen, um diese dann schlussendlich zu erlösen (aufzulösen) – es sind die *Lebensaufgaben*.

Noch eine kurze Anmerkung vorab: Ich sprach im Kapitel *„Magie der Vergebung"* von einer möglichen Spiegelung der Taten, Grenzüberschreitungen und Verhaltensweisen an den „Gegenspieler" zurück, falls keine eigenständige Reflexion für den „Täter" möglich ist. Das gilt natürlich nicht in dieser Heftigkeit für Kinder oder Jugendliche, da diese noch nicht die nötigen Erkenntnisse für eine Reflexion besitzen, um daraus weiteres Wachstum/Bewusstsein (weltlich/spirituell) zu erfahren.

Als weiteres aufschlussreiches Beispiel für eine Krankengeschichte (Lernaufgabe): Eine mittlerweile ca. sechzigjährige Frau (Opfer) aus Rio de Janeiro, welche bis zu ihrem 13. Lebensjahr extreme Unterdrückung, Abwertung, überwiegend psychische Misshandlung in Form von verletzenden Worten (versuchte Tötung der 12 Seeleneigenschaften) sowie permanente Grenzüberschreitungen durch ihren Vater (Täter) aufgrund dessen Eifersucht, Unverständnis, Lieblosigkeit, der eigenen Lebensbegrenzungen und den nicht geheilten eigenen Kindheits-Verletzungen erfahren hat. Das weitere Resultat für diesen Menschen (Opfer) waren nun vielfältige Lebensbegrenzungen auf dem allgemeinen und auch auf dem beruflichen Lebensweg. Große Ängste, zerstörtes Selbstvertrauen, die Behinderung höherer Möglichkeiten und Potenziale im Lebensverlauf, in der Schule und im Beruf. Die krankmachenden Ängste (*das Gegenteil von Liebe*), der Leidensdruck, die nächtlichen Tiefschlafstörungen, die daraus resultierenden Lern- und

Konzentrationsstörungen sowie die angestaute eigene Wut des Opfers, entluden sich in der Kindheit bereits in großen psychosomatischen Auswirkungen und Kompensationen beim Opfer. Dies alles führte zu weiteren schwerwiegenden Auswirkungen in Form von noch größerer (Zerstörungs-)Wut und dem kompletten Unverständnis des Vaters.

Kompensationen sind versuchte „Ausgleichungen" mit anderen Mitteln oder Verhaltensmustern (Alkohol, Drogen, Zigaretten, Essen, Zucker, Selbstverletzungen, Spielsucht, Sexsucht, Eifersucht, Geltungssucht etc.) und können noch weitere Krankheiten und Süchte verursachen, welche sich ein ganzes Leben lang manifestieren können, wenn die Ursächlichkeiten (Verletzungen etc.) auf psychischer Ebene nicht geheilt (erlöst) werden.

Also, mit *Etwas* (Krankheit, Leid, Trauer, Ängste, Minderwertigkeitskomplexe etc.) *„irgendwie"* *zurechtkommen* ist oftmals etwas vollkommen anderes, als eine Ursache wirklich zu *heilen* bzw. zu *erlösen*! Ein irgendwie *Zurechtkommen* impliziert eben oftmals eine Kompensation der Symptomatiken, jedoch keine auflösende Heilung. Die Kompensationen sind der längere und der leidvollere Umweg. Auch der Weg durch die Heilung hin zu der eigenen Bewusstwerdung und zum weiteren Wachstum wird mit einer Kompensation umgangen und so der Heilungsweg bewusst oder unbewusst verdrängt.

Der erste theoretische Schritt für das „Opfer" und für den „Täter" gleichermaßen wäre nun, einen Psychologen (Psychiater) aufgrund der psychischen Symptomatiken zu konsultieren. Damit der Psychologe (Psychiater) durch

Gespräche, Einfühlungsvermögen und Fachwissen die Ursächlichkeit der Begrenzungen, Ängste, Süchte, Lebensprobleme, Wut, Depressionen etc. herausfinden kann. Wenn der Psychologe nun die Diagnose bzw. die wahren (weltlichen) Gründe der Symptomatiken aufgedeckt hat, geht es darum, auf psychologischer Ebene nun geeignete tiefenpsychologische Maßnahmen zur Auflösung bzw. zur Heilung zu empfehlen und anschließend zu vollziehen.

Damit das Opfer seine weltlichen Wege, Potenziale, Berufungen und wahren Lebensaufgaben voller Power und Mut, also ohne Ängste, ohne auferlegte Begrenzungen oder Kompensationen ganz ausleben kann, hin zur Ganzwerdung und Transformation.

Als nächsten Schritt für unser Beispiel – allerdings wäre es viel sinnvoller, alle drei Schritte parallel zu vollziehen – würde sich das „Opfer" nun ein Lebenshoroskop von einem guten Astrologen erstellen lassen.

In einem Lebenshoroskop könnte der Astrologe unter anderem auch die vor der Geburt determinierten (zuvor festgelegten) Ereignisse (Aufgaben) sehen und diese dem Klienten genau beschreiben und vielleicht eventuelle Auflösungsmöglichkeiten bzw. die generellen Lebensaufgaben dieses Menschen lesen. Wenn diese besagten Verletzungen bzw. die daraus resultierenden Begrenzungen bereits im Lebenshoroskop anhand einer bestimmten und schwierigen Horoskop-Konstellation zu sehen sind, so gab es dann sehr wahrscheinlich zwischen dem Täter und dem Opfer eine zuvor getroffene Seelen-Absprache an höchster Stelle.

Diese „*Seelen-Absprachen*" können mehrere Ursachen haben, es könnte ein gegenseitiger Ausgleich von Karma sein, auch Lernmöglichkeiten für die beteiligten Seelen für mehr Wachstum und Bewusstsein. Die Umstände der „höheren Gründe" sind jedoch im Lebenshoroskop wahrscheinlich eher schwer zu erkennen. Es kann jedoch ersichtlich sein, dass eine schwierige Horoskop-Konstellation für das Opfer vorhanden ist. Eine Konstellation, welche in diesem Leben aufgelöst/erlöst werden soll.

Das *zweite* spirituelle Werkzeug ist die Miteinbeziehung eines guten spirituellen Heilers, der die ausgeprägten Fähigkeiten des Sehens besitzt. Das Opfer spricht mit dem Heiler vorab über *keinerlei* Diagnosen, Vermutungen, Beschwerden oder Dinge aus dem eigenen Leben. Das Opfer richtet einfach nur die Bitte an den Heiler, zu schauen, was er auf der Seelen-Ebene sehen bzw. wahrnehmen kann, mehr nicht!

Die wahren Fähigkeiten des Sehens sind sehr tief, da dem Seher alles aufgezeigt wird, die Bilder und Filme aus dem Leben des Opfers. Diese sind für einen wirklich fähigen Seher alle voll abrufbar und sichtbar! In unserem Beispiel hier sind der Täter, das Opfer, die Tat-Ausführungen (Worte, Verhaltensweisen) sowie die daraus resultierenden Verletzungen, Lebenswege, aber auch die Potenziale, Berufungen, Lösungsmöglichkeiten, vielleicht auch die Beantwortung vom „Warum" etc. sichtbar bzw. lesbar.

Besonders hier ist das Thema Vergebung dann ein sehr wichtiger Ansatz für alle Beteiligten.

Schwer, dies alles nachzuvollziehen oder zu glauben? Das ist nicht schlimm. Alles hat seine Zeiten, in diesem, oder dann in einem der nächsten Leben!

Ich persönlich habe mittlerweile so viele Dinge erlebt, da ist reiner Glaube aufgrund meines Wissens sekundär für mich bzw. diesbezüglich obsolet, das Wissen eben resultierend aus meiner vielfältigen Selbsterfahrungen über die letzten Jahrzehnte!

Wir treiben dieses *„Spiel"* nun noch etwas auf die Spitze, zur eigenen Forschung, für die weiteren Selbsterfahrungen sowie zur Findung der Lebens-Wahrheiten. Wir besuchen dazu, gerne weltweit, nun 10 weitere Astrologen, die jeweils ein Lebenshoroskop erstellen und auch 10 weitere Heiler/Seher, mit der Bitte um Seelen-Schau. Wir würden alle getätigten Aussagen dieser Astrologen und Heiler sehr detailliert aufschreiben, abgleichen sowie in die abschließende Gesamt-Analyse gehen!

Spätestens hier würde ein mancher Mensch sehr wahrscheinlich sein Weltbild komplett zerstört vorfinden und alles im Leben neu überdenken und ausrichten müssen, oder einfach weiterhin alles verdrängen, was bereits ein Teil von unserer Wahrheit in dieser Welt ist. Auch möglich – eine jetzt nicht ganz ernst gemeinte Überlegung von mir – dass dieser Mensch dann vielleicht sogar beim Vatikan an die Tür klopfen würde, mit der Bitte um einen Termin beim hauseigenen *Exorzisten* (das jedoch ist wiederum kein Scherz, sondern ebenfalls eine Wahrheit in unserer Welt).

Das Risiko der Wahrheit liegt in der Erkenntnis.

Natürlich möchte ich auch noch erwähnen, wer bereits selbst Fähigkeiten besitzt, in die eine oder andere Richtung, der könnte gerne vorab seine eigenen „Readings" notieren und diese ebenfalls dann in den schlussendlichen Abgleich miteinbeziehen.

Und noch einmal: Fiktion, Glaube, Fantasie, Möchtegern-Geschichten, Vertuschung und Verdrehung sind eine Sache, die Wahrheit eine andere und nur an dieser sind wir interessiert! Die Wahrheit ist immer mit uns, zu jeder Zeit und schon immer gewesen.

Wo ist der Ort der Wahrheit?

Die Wahrheit liegt vor dem *„Schleier"*, der uns komplett umhüllt.

Auch hier wäre der ganze zuvor beschriebene Aufwand die übergeordnete Erlösung der Frage des „Warum"! Die weltliche/psychologische Frage des „Warum" kann man in vielen Fällen vielleicht recht schnell lösen. Die „höhere" Beantwortung ist meist etwas komplexer, also auf der Seelen-Ebene bzw. auf der spirituellen Ebene. Die höhere Ebene (spirituelle) „triggert" immer die tiefere Ebene (weltliche, physische, psychische), damit die Erfahrungen für den Menschen in der Polarität erfahrbar sind.

Also, dass die Erfahrungen auf Erden eingelöst werden können. Die schlussendliche Erlösung ist somit immer auf der höchsten Ebene zu suchen und auch dort zu klären, eben für die höchste Klärung/Auflösung des *„Warum"*. Spirituelle-Energien manifestieren sich in irdischen, materiellen und körperlichen Zustände!

Daher ist es oftmals möglich, dass eine Krankheit lang vorab in der *Aura* eines Menschen zu sehen ist, natürlich als Voraussetzung, man beherrscht das Lesen der Aura. Erst nach einer gewissen Zeit ist diese Krankheit dann im physischen Körper auch manifestiert. Ein Heiler, der die Aura richtig lesen und heilen kann, hätte somit vielleicht die Möglichkeit, eine körperliche Manifestation zu verhindern, durch z. B. *Aura-Chirurgie*. Aber auch hier gelten wieder die Klärungen des Heilers vorab an höchster Stelle, also, ob überhaupt versucht werden darf, eine Heilung zu erwirken und auch in welchem Maße.

Also wieder die Klärung: „Warum" ist diese bevorstehende Krankheit überhaupt vorhanden, zu welchem Zwecke?

Die Aura eines Menschen besteht aus denselben Farben wie ein Regenbogen. Auch die körpereigenen sieben Haupt-Chakren haben die Farben eines Regenbogens in der selben Anordnung.

Heil und ganz zu werden, ist unsere Aufgabe, mit jedem Leben ein Stück mehr. Wege zu beschreiten und auf Reisen mehr Wachstum zu erfahren.

Auch Jesus Christus war auf Reisen und auf seinen Wegen.

Versuche, den anderen Menschen die Wege zur Wahrheit nicht zu versperren, nicht durch Worte und auch nicht durch Taten. Denn es sind nicht deine Wege, jeder hat seine eigenen! Die Wege, welche es gilt, zu erkennen und diese dann zu beschreiten, ohne andere Menschen zu begrenzen oder sie zu verletzen.

Erkenne das Leben, wie und was es **wirklich** *ist.*

Erkenne dich selbst, segne die Wege, liebe und lebe dein Leben.

Denn dieses und das nächste sind Deines.

Schließe deinen Kreis.

Dazu, heile dich selbst und suche dir Rat und Unterstützung.

In der Wahrheit liegt die wahre Kraft!

Ja, es kostet Mut, Kraft, Energie, Zeit und manchmal auch Geld, sich zu verändern, zu heilen und die Wahrheiten schon zu Lebzeiten (wieder) zu erfahren.

Und somit wieder ein Stück näher bei der *Vollkommenheit*, bis zur nächsten *Inkarnation*.

Die Psychologie und die Auswirkungen auf das Leben sind ebenfalls im Gesamtkonzept des menschlichen Seins zu sehen. Die Verbindung zwischen Körper, Geist und Seele ist ein grundlegendes Konzept in vielen spirituellen Traditionen, philosophischen Lehren und ganzheitlichen Gesundheitsansätzen.

Es bezieht sich darauf, dass diese drei Aspekte des menschlichen Seins miteinander verbunden und untrennbar sind. Hier ist eine nähere Betrachtung dieser Verbindung:

Körper: Der Körper bezieht sich auf die physische Materie und die biologischen Funktionen eines Menschen. Er umfasst Organe, Gewebe, Zellen und alle anderen körperlichen Strukturen. Der Körper ist der Aspekt, den wir am offensichtlichsten wahrnehmen können und der eng mit unserer Gesundheit und unserem Wohlbefinden verbunden ist.

Geist: Der Geist umfasst mentale Prozesse wie Denken, Fühlen, Erinnern, Lernen und Bewusstsein. Es ist der Teil von uns, der Gedanken formt, Entscheidungen trifft und unsere Wahrnehmungen interpretiert. Der Geist ist eng mit unseren mentalen und emotionalen Zuständen verbunden und beeinflusst, wie wir die Welt um uns herum erleben.

Seele: Die Seele ist ein metaphysisches Konzept, das oft mit dem innersten Wesen oder der Essenz einer Person verbunden ist. Sie wird manchmal als unsterblicher, spiritueller Kern betrachtet, der über den physischen Tod hinaus besteht. Die Seele ist oft mit Aspekten wie Spiritualität, Sinnhaftigkeit, Moralität und dem Streben nach Transzendenz verbunden.

Die Verbindung zwischen Körper, Geist und Seele zeigt sich in verschiedenen Weisen, wie zum Beispiel:

Körperliche Gesundheit beeinflusst mentale und emotionale Zustände und umgekehrt. Ein gesunder Körper kann zu einem klareren Geist und einem Gefühl des Wohlbefindens beitragen.

Emotionale und mentale Zustände können sich auf den physischen Körper auswirken. Zum Beispiel können chronischer Stress oder negative Gedanken zu körperlichen Beschwerden führen.

Spirituelle Praktiken wie Meditation, Gebet oder Yoga können dazu beitragen, die Verbindung zwischen Körper, Geist und Seele zu stärken und ein ganzheitliches Wohlbefinden zu fördern.

Ein tieferes Verständnis und eine Pflege dieser Verbindung können dazu beitragen, ein ausgewogenes und erfülltes Leben zu führen, das sowohl körperliche Gesundheit als auch geistiges und spirituelles Wohlbefinden umfasst.

Ganzheitlichkeit, denn wir sind Eins!

Was ist deine Meinung zu dem, was du hier gelesen hast?

Was sind deine eigenen Erfahrungen mit Spiritualität und Psychologie?

Wie sollte man deiner Meinung nach die drei Zustände des Lebens handhaben?

Die 12 Eigenschaften der Seele

Alle Menschen besitzen Eigenschaften der Seele, insgesamt gibt es davon 12 Stück. Je mehr wir von diesen Eigenschaften besitzen und diese dann ausweiten, umso mehr wächst die Seele bis zur schlussendlichen Vollkommenheit. Es kann sehr viele Leben dauern, bis dieser Zustand erreicht ist.

Vertrauen

Verantwortungsbewusstsein

Schöpferkraft

Mut

Mitgefühl

Humor

Heilkraft

Göttliche Heilkräfte, um in göttlicher Weise (Jesus Christus, Buddha etc.) wirken zu können – das ist ein eigenes Thema, da es hier Begrenzungen gibt für die Menschen durch Gott. Mehr dazu im Kapitel „Heilung".

Freundlichkeit

Freude

Flexibilität

Effizienz

Sobald diese 11 Eigenschaften erreicht und entwickelt wurden, öffnet sich die 12. Eigenschaft, welche alle anderen Eigenschaften dann mit einschließt.

Die *Glückseligkeit* – mit und in *Gottes Bewusstsein* leben

Um die einzelnen Seelen-Eigenschaften vollständig umzusetzen, bedarf es jedoch auch noch weiterer Voraussetzungen für jede einzelne dieser Eigenschaften. Bei der Schöpferkraft als Beispiel benötigt man zunächst Offenheit, Neugierde, Freude und Vorstellungskraft, um diese zu leben und zu nutzen.

Wenn sich also ein Mensch nie etwas vorstellen kann sowie komplett verschlossen für Neues und Fortschritt ist, so wird es nur sehr schwer oder überhaupt nicht möglich sein, neue Dinge und Zustände selbst zu erschaffen, da hier eine Selbstbegrenzung vorliegt.

Zunächst wäre es dann nötig, die Selbstbegrenzungen aufzulösen, auf spiritueller und eventuell auch auf psychologischer Ebene.

Die Schöpferkraft lebt davon, Neues zu erschaffen und für sich selbst und für andere Menschen in die Welt zu bringen sowie selbst Neues anzunehmen und die neuen Wege zu gehen, mit Offenheit, Liebe, Freude und Neugierde.

Weltliche Ziele und Wünsche

Gerade als Mönch im Tempel werden einem durch die Lehrmeister die Sinne und Augen für die wichtigen Kleinigkeiten geöffnet, welche jedoch über vieles im eigenen Leben sehr bzw. alles entscheidend sind!

Wer jeden Tag 5 Minuten für Besinnung, Ordnung und Sauberkeit in seinem Leben bzw. Lebensumfeld sorgt (Zimmer, Wohnung, Haus etc.) der kann alles schaffen! Wer jedoch gegen dieses Prinzip handelt, der wird alles nicht schaffen!

Wo steckt das Geheimnis in dieser *eigentlich* leichten Sache?

Ob und welche Ziele, Wünsche, Träume, Ideen ein Mensch auf weltlicher Basis hat, das kann individuell ganz unterschiedlich sein.

Zum Beispiel sagt ein Mensch, er möchte geschäftlich erfolgreich und finanziell reich werden. Ob das nun eine gute oder schlechte Idee ist, das sei dahingestellt und ist eben ganz individuell zu sehen.

Dennoch ist es ein sehr gutes Beispiel, weil eben sehr viele Menschen diese Idee als Ziel haben! Jedoch ist auch hier vorab das Verstehen der allgemeingültigen Prinzipien sehr wichtig, da ansonsten alles andere eben nicht richtig funktionieren kann!

Man kann nicht das eine wollen (z. B. Reichtum, Erfolg), aber das andere (Gegenteilige), bzw. die dafür notwendigen Dinge nicht oder nicht richtig machen! Denn auch hier spielen wieder die Seelen-Eigenschaften des Menschen eine sehr tragende Rolle und eben auch wieder in Verbindung mit den weiteren unabdingbaren Voraussetzungen, Denkweisen und Handlungsweisen.

Also wären die wichtigsten Seelen-Eigenschaften für unser Beispiel „*Erfolg*" zunächst Verantwortungsbewusstsein, Schöpferkraft, Mut, Flexibilität, Effizienz, Freude, Freundlichkeit.

Aber ohne körperliche/geistige/seelische Gesundheit, Strukturiertheit, Kontinuität, Sparsamkeit, Geduld, Intelligenz, Sauberkeit, Ordnung, Verlässlichkeit, Willen und gute Gewohnheiten wird alles Weitere ein erfolgloses Unterfangen! Ganz egal, was man für sein Leben erreichen oder umsetzen möchte, die richtigen Voraussetzungen müssen zunächst dauerhaft erfüllt sein.

Das ist ein Gesetz des Lebens und die gute Nachricht ist, diese notwendigen Voraussetzungen kann man selbst erschaffen mit der eigenen *Schöpferkraft*.

Wenn man sich nicht an diese Gesetze hält, so schwankt alles wie ein Boot. Also heute diese „Lebens-Idee" haben und wenn es etwas schwerer und anstrengender wird, dann morgen eine neue Lebens-Idee! Wenn man jedoch aus Faulheit nichts zu Ende bzw. nicht zum Erfolg bringt, ist dies schlussendlich Dummheit und die Verschwendung der kostbaren Lebens-Zeit!

Erfolgreiche Menschen verschieben ihre Aufgaben nicht und sie sind fokussiert. Sie sind nicht vergesslich und sie handeln nicht nach dem Schlafmützen-Prinzip – „Wenn nicht heute, dann eben morgen".

Sondern sie machen sich täglich schriftliche Notizen über ALLE ihre Aufgaben, damit sie diese nicht vergessen und sofort erledigen bzw. nach Priorität sehr zeitnah abarbeiten. Das kann von Ordnung halten, aufräumen, putzen, Kleider waschen, einkaufen, Sport machen, Termine machen und wahrnehmen, Dinge erledigen, Arbeiten und Verträge abschließen etc. reichen.

Ein Mancher mag sich jetzt fragen: „Was hat Erfolg mit Sauberkeit und Ordnung zu tun?"

„Sehr viel!"

Sauberkeit und Ordnung in allen Bereichen des Lebens, das bedeutet angefangenen von der Wohnung bis hin zu Körper, Geist und Seele. Alles klar, sauber, rein und gesund zu halten, so gut wie möglich.

Das Prinzip der Anziehung – ein nicht zu unterschätzendes Thema.

Die *„Macht der guten Gewohnheiten"*, alle Dinge des Lebens mit demselben Willen zu machen und zu erledigen. Aber auch Zeit und Blick für *Kleinigkeiten* und das Detail zu haben, welche Aufgaben alle erledigt werden müssen, und zwar richtig.

Und genau hier ist auch der Unterschied zwischen den erfolgreichen und erfolglosen Menschen zu finden. Erfolg bezieht sich dabei nicht nur auf Geld oder Arbeit. Es sind oftmals solche Kleinigkeiten, die den großen Unterschied machen. Wer immer nur Party, Spaß und tägliche Abwechslung sucht, wird eine Zeitlang auch Spaß und Abwechslung haben, aber niemals Erfolg, weil sich der eigene Weg dann allmählich genau in die andere Richtung entwickelt, in allen Lebensbereichen!

Ob nun andere Menschen deine schlussendlichen Ziele überhaupt im Vorfeld verstehen und nachvollziehen wollen (können), das spielt keine Rolle, denn jeder Mensch auf Erden hat seinen eigenen notwendigen Weg. Die *spirituellen Gesetze* sind jedoch unveränderlich und haben immer Bestand!

Wenn man die Macht und das *Geheimnis* der guten Gewohnheiten erreicht hat, dann ist das auch Unbeschwertheit und macht ebenso Spaß.

Es macht Spaß, die täglichen Aufgaben, Ordnung, Ideen, Wünsche erfolgreich umzusetzen, egal mit welchem individuellen Ziel. Und wenn es nur darum geht, täglich mit vollem Erfolg die Deckel von Creme und Zahnpasta richtig und fest zuzuschrauben, auch das ist eine wichtige Voraussetzung um Erfolg zu haben! Wenn dir Alles egal ist, dann ist dir auch der Reichtum und der Erfolg egal! Und so wird Dieser ein Leben lang unerreichbar bleiben für dich!

Verändere all die täglichen *„unwichtigen"* Kleinigkeiten und du veränderst dein gesamtes Leben, hin zum Erfolg auf ganzer Linie!

Es gibt ein nach *oben* Streben und ein nach *unten* Streben und hier sind wir auch schon wieder bei den spirituellen Zusammenhängen des Ganzen!

Spiritualität, das ist das Leben!

Die bereits in uns integrierten Eigenschaften bestimmen das Höher oder das Tiefer! Wir haben die Wahl. Je früher wir uns darüber bewusst werden, umso besser.

Bewusstsein und Erkenntnis!

Was ist deine Erfahrung und Meinung zu den 12 Seelen-Eigenschaften?

Waren dir deine 12 Seelen-Eigenschaften bereits bewusst?

Wie kannst du selbst deine 12 Seelen-Eigenschaften stärken?

Himmel und Hölle

Wie bereits mehrfach von mir geschrieben, straft Gott nicht. Gott liebt die Menschen. Was die Menschen allerdings daraus machen, obliegt ihnen selbst!

Himmel und Hölle, das ist der gleiche Ort!

Und dieser Ort ist in uns, um uns und zu jeder Zeit!

In Thailand gibt es einen Tempel, in dem die „Hölle" anhand von großen Figuren und Landschaften sehr eindrucksvoll nachgebaut ist. Dies dient der Veranschaulichung und der Nachvollziehbarkeit der Energien, welche in der Hölle herrschen.

Lassen wir uns ein besseres Verständnis davon bekommen, worum es bei den Begrifflichkeiten von *„Himmel und Hölle"* geht.

Dazu stellen wir uns ein Hochhaus mit vielen Stockwerken vor. Wie das eben so ist bei einem Haus, ist das unterste Stockwerk der Keller. Das höchste Stockwerk ist die Dachwohnung. Jedes einzelne Stockwerk des Hochhauses hat eine bestimmte Schwingungsenergie, also eine gewisse Qualität der dort herrschenden Energie.

Das unterste Stockwerk, der Keller, hat die geringste bzw. niedrigste Energie, die „Hölle". Das oberste Stockwerk, die Dachwohnung, hat dementsprechend die höchste Energie, der „Himmel".

So weit, so gut.

Für die Seele eines Menschen geht es darum, zu wachsen und weiterzukommen, bis zur schlussendlichen Vollkommenheit und Glückseligkeit bei und mit Gott. Um dies zu erreichen, werden wir immer wieder geboren, bis zur Vollendung, weil wir nur hier auf Erden in der Polarität und mit dem Körper und Geist alle Erfahrungen machen können, um weiterzuwachsen. Nach dem Tod sind wir nur. Wir sind dann im reinen Sein, wir leben aber ohne Körper. Wir benennen diesen Zustand als den „Tod"!

Im Tod sind wir auf einer bestimmten Energiestufe, welche unserer Seelen-Reife entspricht. Wir bleiben dort so lange, bis wir wieder neu auf Erden geboren werden, mit einem Körper. Dort im Tod gibt es, wie gesagt, keine Möglichkeit, weiterzuwachsen, sondern nur zu sein und die eigenen „Wege", welche zu Lebzeiten auf Erden gegangen wurden, selbst zu durchlaufen und zu spüren. Um mehr Bewusstsein zu erhalten, auch im Sinne des Verstehens der eigenen Entscheidungen und der entsprechenden Auswirkungen dieser.

Es gibt ein *„Gespräch"* mit Gott: Was ist gut gelaufen in diesem Leben und was nicht so gut? Wie und wo, unter welchen Umständen könnte die erneute Geburt auf Mutter Erde etc. aussehen? Damit soll weiteres Erleben, Verstehen und Wachstum für die Vollkommenheit der Seele generiert werden.

Wer werden dann die Eltern sein, in welchem Land, in Reichtum oder Armut, mit Behinderung oder schweren Krankheiten, oder gleich nach der Geburt wieder zu sterben (dieser Umstand kann eben auch sehr oft aus den Karma-Einlösungen herrühren) etc.? Das alles wird bereits an höchster Stelle von uns gewählt und gemeinsam festgelegt, vorher bestimmt.

Das ist der Lebensplan, das Buch des Lebens etc.

Daher können diese Lebenspläne auch von den Menschen mit den entsprechenden Fähigkeiten gelesen werden, auch können die Lebenshoroskope von *richtigen* Astrologen gelesen werden, weil diese Pläne eben konkret vorhanden und keine Fiktion sind. Richtige Astrologen in Thailand durchlaufen ein längeres Studium für ihre Fähigkeiten und sehr komplexen Berechnungen. Richtige und seriöse Astrologie ist kein Hokus Pokus, so wie es gerne mancherorts von Laien dargestellt wird.

Ich spreche hier nicht von „Horoskopen" in Zeitschriften, oder im Internet erstellte per KI etc.!

Von *guten* Astrologen kann daher also auch ein Lebenshoroskop gelesen werden. Genauso wie der Lebensweg in der Akasha Chronic gesehen werden kann, oder der Seelen-Plan von Soul-Readern gelesen werden kann etc.

Zum Thema Hoffnung, Verstehen und Verabschieden: Hier kann ein Medium mit medialen Fähigkeiten den Menschen helfen, Trauer zu verarbeiten und Kontakte mit den Verstorbenen (Seelen) herzustellen, um so auch sehr persönliche Informationen von den Verstorbenen über ihre Lebens- und Todes-Umstände, aber auch über ihr Leben jetzt im Jenseits zu erfahren.

Auch die Verstorbenen möchten in der Regel sehr gerne mit uns in Kontakt treten, allerdings können keine bestimmten Jenseits-Kontakte erzwungen werden. Ein Kontakt kann jedoch vielen hinterbliebenen Menschen noch einmal ganz neue Erkenntnisse und sehr großen Trost bringen. Wie gesagt: *Der Tod ist nicht das Ende!*

Bei mir hatte sich während meiner medialen Meditation mit meiner geistigen Führung einmal eine verstorbene junge Frau gemeldet. Ich habe mich zunächst etwas gewundert, da ich sie zu ihren Lebzeiten nie persönlich kennenlernen durfte, aber ich wusste durch unseren kurzen medialen Austausch, wer sie war. Warum sie sich ausgerechnet bei mir gemeldet hatte, waren vielleicht einige Gemeinsamkeiten bzw. gleiche Interessen zu ihren Lebzeiten auf Erden und auch, weil ich eine etwas entfernte Verbindung zu ihren Eltern vor langer Zeit hatte. Da war ich allerdings selbst noch ein Kind. Sie sagte mir, es ginge ihr gut. Sie sei zufrieden und glücklich da, wo sie jetzt ist, und sei auch glücklich, sich einmal auf diesem Wege mitzuteilen. Dann war sie auch fast schon wieder weg. Aber sie wird mir bei meiner medialen Arbeit in gewissen Bereichen hin und wieder auch eine Unterstützung sein!

Drei Dinge sind bereits fest vorherbestimmt: die Familie, eventuelle Ehepartner und Kinder, der Tod. Bei den restlichen Zuständen haben die Menschen einige Freiheiten, hier auf Erden neu zu wählen und die eigenen Wege zu verändern und neu zu entscheiden.

Jedoch weiß Gott ganz genau, wie du dich entscheiden wirst!

Und genau hier wird es etwas kompliziert bzw. schwer nachvollziehbar, denn wie viel Freiheit des Menschen ist wirkliche Freiheit? Wie viel Wahlfreiheit ist bereits ein Teil des vorherbestimmten und endgültigen Lebensplans?

Die implizierten Freiheiten und die Entscheidungen darüber sind bereits trotzdem im Lebensplan enthalten. Daher können diese Pläne auch gelesen werden, außer vielleicht, wenn die eigenen Freiheiten zu weit ausdehnt wurden und dadurch in einen neuen Karma-Aufbau mündet, welcher an anderer Stelle dann wieder ausglichen werden muss.

„Darüber können wir uns gerne einmal austauschen!"

In der „Hölle", also in einer der niedrigen Stufen, befinden sich die Seelen, welche sehr schlechte Dinge zu Lebzeiten gemacht haben.

Nehmen wir als Extrem-Beispiel einen Massenmörder. Seine Seele durchlebt in der „Hölle" all das Leid und die Schmerzen energetisch, welche er seinen Opfern angetan hat. Von jedem einzelnen Opfer muss diese „Mörder-Seele" dann alles durchleben! Das kann sehr langwierig sein und es dauert dementsprechend, bis diese Seele wieder auf Erden neu geboren werden kann. Zudem befinden sich in der „Hölle" nur Seelen mit dieser gleichen Schwingungsenergie. Das ist keine gute Energie zum Sein – kein Licht, keine Wärme und keine Liebe.

Eine Massenmörder-Seele unter all den anderen Niedrigenergie-Seelen.

Hölle wie Himmel haben jeweils mehrere Ebenen bzw. „Stockwerke". Nach oben wird es energetisch zunehmend besser für die dort verweilenden Seelen.

In „Hölle" und „Himmel" wird ausgeglichen, was zu Lebzeiten an Karma aufgebaut wurde. Karma ist jedoch keine strafende Energie, sondern eine ausgleichende Energie, Ursache und Auswirkung. Zu viel „schlechtes" Karma kann jedoch in manchen Fällen auch schon zu Lebzeiten ausgeglichen werden, dann meist über Krankheiten.

Oder über Krankheiten im nächsten Leben, aber das entscheidet nur Gott-Vater, was wann, wie und warum geschieht!

Schlechtes Karma ist das unbewusste Karma. Wir sind uns unserer Taten (Ursachen) nicht voll bewusst und werden dennoch damit konfrontiert werden, früher oder später (Auswirkung), eben zum Ausgleich, und sind dann überrascht, da uns zuvor das Bewusstsein für unsere Handlungsweisen und deren Auswirkungen fehlte.

Hier hilft, sich selbst bewusst zu sein bzw. werden!

Auch im tieferen Buddhismus und bei einigen Mönchen gibt es das höhere (tiefere) Wissen um die Karma-Lehre sowie die Fähigkeit, die „Karma-Codes" der Menschen zu lesen. Das kann als Erfahrung sehr tief und vielleicht auch erschütternd sein, wenn man mit diesen Dingen unvorbereitet konfrontiert wird. Diese Information nur zur Vervollständigung.

Was denkst du über das Thema „Himmel und Hölle"

Wo, denkst du, ist dieser Ort von „Himmel und Hölle"?

Was man selbst nicht kennt, das existiert auch nicht, ist das stimmig für dich?

BUN

Tham = Machen

BUN = Höhere Verdienste

Tham Bun = Höhere Verdienste machen/erwerben

Der Gedanken bzw. die Energie dahinter ist das Geben und Spenden, damit auch andere Menschen (Mönche) leben können, ihre Wege beschreiten und ihre Aufgaben in dieser Welt erfüllen können.

Geben, um selbst zu leben.

Geben, um selbst zu wachsen.

Geben, um sich selbst ein kleines Stück zu erlösen.

Geben, um das einige Lebensglück zu erhöhen.

Geben, um das Gute in der Welt zu erschaffen.

Geben, um das eigene Ego zu überwinden.

Geben, um sich der Existenz von Karma bewusst zu sein.

BUN machen ist eine positive Energie.

Die Energie des BUN machen, welche positive Eigenschaften auf unser eigenes Leben hat. BUN machen wird besonders im Buddhismus praktiziert und gelebt. In den westlichen Kulturen ist vielen Menschen dieses Ritual leider (noch) nicht bekannt! BUN machen, um eigene Verdienste zu erlangen und zur Unterstützung der buddhistischen Mönche.

Es kann aber auch noch weitere Dinge beinhalten, wie das Teilen und Spenden von Essen, Zeit opfern für die Arbeit im Tempel, Geld spenden, spirituelles Wissen lehren, tugendhaft leben nach den Geboten, Meditation praktizieren und lehren, Ehrerbietung, Tempel besuchen und sich finanziell am Bau neuer Tempel beteiligen, all das bedeutet ebenfalls, BUN zu erwerben.

Durch die Ordination zum Mönch erwirbt der thailändische Buddhist die meisten Verdienste (BUN). Deshalb geht fast jeder Thailänder wenigstens einmal im Leben für mindestens eine Woche in ein buddhistisches Kloster, um das eigene Leben allumfassend zu erhöhen. Traditionell werden die hierdurch angesammelten Verdienste den weiblichen Mitgliedern der eigenen Familie, der Mutter oder Großmutter, gewidmet. Diese haben somit im „Himmel" und bei ihrer Wiedergeburt ein besseres bzw. höheres Leben.

Die Energie des BUN hilft den Menschen, wenn sie dieses „Ritual" regelmäßig, aufrichtig und mit Freude praktizieren. Indem sie mit religiösen Verdiensten das eigene Leben verbessern, das eigene schlechte Karma ein Stück weit ausgeglichen wird, im Sinne von mehr Bewusstsein zu erhalten für die guten Wege. Ebenso soll Wachstum auf allen Ebenen des Seins geschehen.

BUN zu machen ist also weitaus mehr, als nur etwas zu spenden.

Es ist eine Hilfe für andere Menschen (Mönche) sowie gleichzeitig eine Selbsthilfe für das eigene Leben. Man hilft anderen Menschen und gleichzeitig damit auch sich selbst. Wie gesagt – das eigene Karma spielt im Zusammenhang mit dem BUN ein Stück weit eine Rolle.

Es geht darum, zu verstehen und nachzuvollziehen, was die eigenen (schlechten) Taten bewirkt haben, um so wieder ein Stück weiter im eigenen Bewusstsein zu wachsen.

Wer bereits gewachsen ist und mehr Bewusstsein hat, der begibt sich auch weniger auf die Pfade des schlechten Karmas. Je weniger Karma besteht, umso weniger muss man dieses dann ausgleichen bzw. in die eigene Energie-Erfahrung des eigenen schlechten Karmas gehen, im Diesseits oder spätestens im Jenseits.

Ich erwähne hier das Karma-Thema noch einmal ausführlicher, da es auch in enger Verbindung mit dem BUN-Thema steht. Viele Zustände und Dinge hängen eben auch immer zusammen und es ergibt daher auch Sinn, die Dinge in der Verbundenheit als Wiederholung zu beleuchten.

Über Krankheiten wird schlechtes Karma oftmals bereits im Diesseits ein Stück weit abgebaut bzw. ausgeglichen. Da es einfach viele Menschen gibt, welche aufgrund ihres sehr vielem schlechten Karmas keine andere Möglichkeiten mehr hätten, es zu Lebenszeiten auch nur ansatzweise auszugleichen. Daher sind die Krankheiten oftmals das einzig verbleibende Mittel, um das Karma etwas mehr auszugleichen, weil einfach mit jeder weiteren Geburt hier auf Erden noch weiteres bzw. neues Karma hinzukommt, in aller Regel. Da die Versuchungen, Prüfungen und potenziellen Verfehlungen für uns Menschen hier auf Erden nicht gering sind. Menschen werden dazu anhalten, die eigene Selbstsucht zu überwinden und sich an die Gebote und Prinzipien zu halten.

Auch die eigenen guten Wege zu wählen und zu beschreiten für ein besseres und höheres Leben zum Licht, ist ein großer Teil der starken Wechselwirkungsenergie von BUN. Ein Mensch kann nicht selbst bestimmen, wie, wann und ob überhaupt Karma ausglichen werden kann. Diese Entscheidungen obliegen nur Gott!

Rituale, Dinge, Zustände, Auswirkungen, Energien, Wege und Möglichkeiten zu sehen und diese nutzen zu können, auch das ist BUN.Es bedeutet, dass man bereits BUN hat, zu viel BUN kann man nicht haben, im Gegenteil. Also greif zu, wenn du die Möglichkeit hast, und mache „BUN"!

Wie so oft im Leben eines Menschen auf dieser Welt – was man nicht kennt, nicht glaubt und nicht weiß, das ist nicht wirklich existent!

Wenn es nur immer so einfach wäre!

Mutter Erde und die dort herrschenden Energien sind sehr viel tiefer, als du glaubst! Jedoch werden uns die wirklich wichtigen und guten Wahrheiten des Lebens oft, und auch manchmal aus „gutem" Grunde, in vielen Schulen dieser Welt nicht gelehrt! Denn wie willst du Wissende ein Stück weit versklaven, kontrollieren, unterdrücken, abhängig machen und in vorgegebene Schubladen pressen? Und die Menschheit so in die großen Spiele der Manipulation, der Lügen, der Kriege und des Hyper-Kapitalismus treiben?

Der ewige Kampf von der dunklen Seite mit der lichten Seite. Auch hier gilt, wie so oft: Unwissen schützt vor der

Wahrheit nicht. Begib dich auf deinen Weg und finde die Wahrheit. Werde ein Finder und nicht nur ein Suchender.

Tham Bun!

Wie hört sich das Konzept des BUN für dich an?

Hast du schon einmal selbst BUN gemacht?

Was sind deine Gedanken dazu?

Die Magie der Vergebung

Vergebung ist Erlösung und Erleichterung für dein Leben.

Wenn du die Welt verbessern möchtest, fange bei dir selbst an.

Die Vergebung ist Wachstum für deine Seele.

Ein manches Mal im Leben hat man Gegner (Gegenspieler).

„Gegner", an denen man wachsen kann und somit die Dinge und Zustände besser verstehen kann.

Der Gegner hat oftmals einen Lehrzweck, aber es können auch bereits zuvor an „höchster Stelle" getroffene Seelen-Absprachen sein. Also das, was z.B. zwei Seelen (Gegenspieler) in diesem Leben gemeinsam an Energien und Erlebnissen erleben möchten, oder aber auch altes Karma gegeneinander einlösen möchte, da Karma eine ausgleichende Energie ist. Auch das kann ein Thema einer spirituellen Heilung sein, einfach, dass solche Dinge gesehen werden, was der genaue Grund ist, um anschließend eine allumfassende Vergebung anzustreben.

Die Vergebung auf der Seelen-Ebene durch ein Ritual ergibt Sinn und ist oftmals die einzige Möglichkeit, überhaupt noch vergeben zu können, weil zum Beispiel der andere Mensch bereits gestorben ist oder keinerlei Kontakt mehr mit ihm besteht.

Auch aufgrund der psychologischen und intellektuellen Begrenzungen des „Gegengenspielers" und auch aufgrund von Alkohol- und Drogen-Konsum können die Ursächlichkeit einer kompletten Verblendung bzw. einer

Selbstbegrenzung hin zu rein negativen Energien sein, mit einer generellen Unfähigkeit zum Reflektieren.

Somit macht es keinen Sinn mehr, noch einmal mit diesem „Gegner" in einer anderen Art und Weise konstruktiv und persönlich in Kontakt zu treten, bezüglich einer Vergebung oder einem abschließenden „Erlösungsgespräch".

Manchmal braucht solch ein „Gegenspieler" jedoch einen „heftigen Spiegel", den er direkt vor seinem Gesicht erfahren möchte, wenn auch (zunächst) unbewusst. Eben eine Spiegelung bzw. Selbsterfahrung zu mehr Bewusstsein, seiner vorangegangenen Taten, Worte, Lügen, Beleidigungen, Vertragsbrüche, Verurteilungen, Grenzüberschreitungen, Verursachungen, Verletzungen, Handlungsweisen, Denkweisen, Verhaltensweisen etc. Und erst nach der „Spiegelung" wäre ein abschließendes Vergebungsritual für diesen „Gegenspieler" zu vollziehen, damit auch seine Seele wieder frei weiter wachsen kann, jedoch dann mit mehr (Seelen-)Bewusstsein.

Zu vergeben bedeutet nicht, dass damit eine (alleinige) Schuld anerkannt wird, sondern damit werden die negativen Energien aufgelöst und geheilt. Wenn man so möchte, ist Vergebung zunächst auch eine „egoistische" Handlung, welche jedoch schlussendlich allen Beteiligten hilft. Bei dem Vergebungsritual geht es also darum, das auf der höchsten Ebene zu vollziehen. Alle Beteiligten sollten ein Vergebungsritual vollziehen, wenn dazu eine Notwendigkeit besteht.

Es hat sehr gute Gründe, warum in vielen Kulturen Vergebungsrituale vorhanden sind und genutzt werden. So wie das vielleicht Bekannteste, das *Ho'oponopono-Ritual* aus Hawaii. Es gibt jedoch auch noch weitere und effektivere Vergebungsrituale.

Aus der weltlichen und psychologischen Sicht besteht die Magie darin, dass Vergebung die Macht hat, schlechte Energie auszulösen, alte Wunden zu heilen, Beziehungen zu verbessern und uns dabei zu helfen, weiterzugehen und uns auf das Positive in unserem Leben zu konzentrieren. Es ist eine transformative Kraft, die es uns ermöglicht, uns von der Last vergangener Verletzungen zu befreien und ein erfüllteres und freieres Leben zu führen. Das ist ein wichtiger Baustein, um ein freies und besseres Leben führen zu können, da belastende Energien von uns abfallen, wenn wir vergeben bzw. loslassen können.

Auf der spirituellen bzw. Seelen-Ebene hat die Magie der Vergebung einen großen und wichtigen Part in unserem Leben hier auf Erden und es ist ein wesentlicher Teil des Zusammenspiels der Inkarnationen.

Wenn eine Seele nicht vergeben kann, so ist es durchaus möglich, dass sie über mehrere Erdenleben hinweg immer mit den gleichen Aufgaben und mit den gleichen Seelen konfrontiert wird. Die Aufgabe der Seele ist das Wachstum hin zur Ganzwerdung, um schlussendlich die Reife für die höchste Stufe, die Vollkommenheit, zu erreichen, um dann im Gottesbewusstsein zu leben.

Viele Seelen hier auf Erden sind noch wie Kinder, unreif und unwissend. Das Alter der Seele hat nichts mit dem Lebensalter eines Menschen zu tun, sondern es geht darum, wie viele Inkarnationen, Wissen und Wachstum die Seele bereits erfahren (gespeichert) hat.

Viele Sterbende überblicken erst im Jenseits ihr letztes Erdenleben, um sich zu reinigen und weiterzuwachsen, das heißt, alles integrieren zu können, was zu Lebzeiten an Bewusstsein eingesammelt wurde. Besser wäre es allerdings, wenn wir noch zu Lebzeiten sehen könnten, was gut und nicht so gut in unserem Erdenleben gelaufen ist. Die Gefühle, die Worte, die Gedanken und die Taten.

Es ist ein sehr heilsamer Prozess, die Vergebung durch andere und vor allem durch Gott zu erfahren. Damit fällt es uns dann auch leichter, uns selbst und anderen Menschen zu vergeben. Deshalb wäre es wichtig, schon zu Lebzeiten auf Erden vergeben zu können, weil dann die Chance besteht, dass die Seele und die Persönlichkeit gleichzeitig vergeben können.

Im Jenseits ist Vergebung nur für die Seele möglich und bei der nächsten Inkarnation besteht die Möglichkeit, dass die Persönlichkeit nicht vergeben konnte und somit wieder und vielleicht sogar immer wieder dieselbe ungelöste „Aufgabenstellung" auf Erden bereitsteht, da die Persönlichkeit natürlich ebenfalls Anteile hat an unserem Leben.

Um genau dies zu vermeiden, wäre es besser, die Vergebung auf spirituelle Art und Weise bereits zu Lebzeiten zu vollziehen.

Durch die Vergebungsrituale und Gebete werden die zwischenmenschlichen Beziehungen wiederhergestellt. Das alles erfolgt energetisch und natürlich am besten durch gegenseitige Vergebung.

Was ist für dich Vergebung?

Hast du schon einmal durch ein Ritual vergeben?

Ergibt es Sinn für dich, ein Vergebungsritual zu vollziehen?

Hast du nach der Vergebung etwas gespürt?

Die Wege der Seele

Erkenntnis, Wachstum und Bewusstsein

Die Wege der Seele – dieser Denk- und Lebensansatz ist wahrscheinlich einer der bedeutendsten Schlüssel zur Lösung der großen Fragen der Menschheit. Und heute, mehr denn je, gewinnt er an Aktualität, da wir an einem Wendepunkt stehen.

Die Wege der Seele umfassen essenzielle Themen wie die Freiheit der Wahl, Karma, Einsicht, Wissen, Bewusstsein, Berufung, zwischenmenschliche Verbindungen und Menschlichkeit. Gleichzeitig stellen sie uns vor Herausforderungen wie Lebensangst und Flucht. Dieses Buch beleuchtet zentrale Fragen des Lebens und bietet in den einzelnen Kapiteln Ansätze zur Beantwortung:

Wie weit reicht die Freiheit unserer Entscheidungen?

Was zählt als Karma, und wie wird es angesammelt?

Wann beginnt der Ausgleich des Karmas?

Welche Aufgaben und Lektionen prägen unser Leben?

Das Leben ist ein Spiel, und wir alle sind Mitspieler. Jeder von uns ist ein Gewinner – auch wenn es aus weltlicher Perspektive oft anders erscheint. Das Spiel des Lebens ist ein komplexes Geflecht aus vielen Faktoren. Der Schlüssel liegt darin, die Spielregeln zu verstehen und das eigene Leben bewusst zu gestalten.

Blockaden auf dem Seelenweg

Wer seine Berufung und seinen Seelenweg nicht erkennt, läuft Gefahr, in eine Spirale aus Mittelmäßigkeit, Ideenlosigkeit und Unzufriedenheit zu geraten. Als Gesellschaft teilen wir diese Irrwege oft gemeinsam. Dies zeigt sich etwa in der Abgabe persönlicher Verantwortung, im exzessiven Materialismus und Konsum, sowie im Missbrauch von Drogen und Alkohol.

Solche Entwicklungen führen häufig zu Frustration, Neid, Eifersucht und Erschöpfung. Der Glaube, das Leben sei ungerecht, und der ständige Vergleich mit vermeintlich glücklicheren Menschen verstärken diese negativen Gefühle. Doch die Lösung liegt in uns selbst: indem wir unsere Seelenwege, Aufgaben und Potenziale erkennen und leben.

Die Wege der Seele sind nicht das, was andere von uns erwarten oder wünschen, noch sind sie durch unser Ego oder weltliche Sehnsüchte zugänglich. Sie werden vielmehr durch unsere eigene Wahl zuvor auf höchster Ebene in tiefer Verbundenheit bestimmt."

Der Wegweiser zur Erfüllung

Die Zeichen, die uns auf unseren Seelenweg hinweisen, sind sichtbar – wenn wir bereit sind, sie wahrzunehmen zu können. Wer im Einklang mit sich selbst lebt und seine Aufgaben erfüllt, empfindet Freude und gönnt anderen ihr Glück. Solche Menschen strahlen oft Harmonie, Dankbarkeit, Ruhe, Gelassenheit und Zufriedenheit aus.

Das Ziel des Lebens besteht darin, die eigenen Seelenwege bewusst zu gehen, im Hier und Jetzt zu wachsen und die Aufgaben dieses Lebens mit Demut und Hingabe zu erfüllen. Indem wir unsere Aufgaben annehmen und unsere Seele wachsen lassen, erreichen wir tiefe Erfüllung und wahres Bewusstsein.

Egoismus oder Erfüllung?

Was würde passieren, wenn jeder Mensch „egoistisch" seine vorbestimmten Seelenwege erkennen und beschreiten würde?

Es ist natürlich kein egoistisches Verhalten, den eigenen Seelenweg zu gehen. Im Gegenteil: Es ist der Schlüssel, um die Menschlichkeit und den Sinn des Lebens in dieser turbulenten Zeit wieder zu stärken. Es geht darum, die Verbundenheit zwischen den Menschen zu erkennen und den höheren Sinn hinter dem scheinbaren Chaos zu finden.

Ist das eine Utopie?

Viele sogenannte Utopien sind längst Realität geworden, insbesondere durch den technischen Fortschritt.

Doch die entscheidende Frage ist nicht, ob wir an Utopien glauben. Viel wichtiger ist, dass wir uns für Wahrheit und für eine bessere Welt für alle Menschen einsetzen.

„Wenn du die Welt verändern möchtest, beginne bei dir selbst."

Die verlorenen Wege wiederfinden

Wir brauchen keine selbsternannten Führer, die weltliche Lösungen oder Ordnung versprechen. Ebenso wenig sollten die Menschen versuchen, selbst Gott zu spielen oder blind einem Guru zu folgen. Wir sind nicht Gott – aber ER ist mit uns, wenn wir es zulassen.

Es ist an der Zeit, die verlorenen Wege wieder aufzunehmen, die Wahrheiten zu erkennen und zu leben. Den Weg zu Gott zu finden und zu ihm zurückzukehren. Meditation ist nicht nur ein Mittel, um Ruhe und Achtsamkeit zu erfahren, sondern auch ein Werkzeug, um die inneren Kanäle zu öffnen – hin zu den Wahrheiten und den richtigen Wegen.

Erkenntnis und Bewusstsein

Die Wege der Seele führen uns in eine andere, eine oftmals alte Wahrheit des Lebens und in ein neues kollektives Sein der Menschheit. Genau hier liegen die Chancen für uns alle. Wie wir uns entscheiden, wird unsere Zukunft bestimmen.

Es geht darum, die eigenen Aufgaben, Hindernisse und Begrenzungen zu erkennen und zu meistern, ohne das Leben zu ernst oder zu leicht zu nehmen – und vor allem, es nicht zu "verspielen". Ziel ist es, zu wachsen und Bewusstsein zu erlangen, bis hin zur *Vollkommenheit*. Jeder Schritt auf dem Seelenweg bringt uns näher an das Ziel, die 12 Eigenschaften der Seele zu perfektionieren und das Puzzle unseres Lebens Stück für Stück zu vervollständigen, mit jeder Wiedergeburt.

Die Seelen-Wege sind ein Thema, welches die eigene Wahl an höchster Stelle, das Karma, Einsicht, Wissen, Bewusstsein, Berufung, Verbindung und Flucht beinhaltet.

Bis wohin geht die Freiheit der eigenen Wahl?

Wo wird Karma gesammelt?

Wo beginnt Karma zu wirken?

Was sind die Lehrinhalte, Aufgaben und Herausforderungen in diesem Leben?

Es ist nicht so einfach, die eigene Seele oder die Seelen der anderen Menschen zu lesen! Eigentlich ist es genauso wie mit der Heilkraft – es ist eine gottgegebene Gabe für die Menschen, es kann „eigentlich" jeder Mensch. Allerdings im Sinne von: Wer es kann und hat, der kann es unter den richtigen Voraussetzungen auch sehr gut!

Jeder kann ein Instrument spielen, jeder kann ein Motorrad komplett in alle seine Einzelteile zerlegen und danach wieder funktionstüchtig zusammenbauen, jeder kann hocheffiziente Software-Programme schreiben, jeder kann ein Flugzeug bauen etc. Es ist die Feststellung von Theorie zu Praxis, also theoretisch kann jeder Mensch alles! Praktisch und realistisch gesehen kann und darf jedoch nicht jeder Mensch alles.

Die Fähigkeit, eine Seele zu lesen, kann an manch einer Stelle für einen Menschen jedoch wichtig und vielleicht sogar auch lebensentscheidend sein, da hier sehr wichtige Dinge, Zusammenhänge und nötige Wege gesehen werden können und somit auch richtig in das eigene Leben integriert und gelebt werden können.

Die Vernachlässigung der Bedürfnisse der Seele führt die Menschen oftmals ins Abseits und an ihren wahren Wegen, Talenten, Bedürfnissen und Berufungen vorbei.Wer von all dem, also vom Vorhandensein der Potenziale der eigenen Seele, überhaupt nichts weiß, läuft als Mensch Gefahr, ein Leben lang an den eigenen Seelenwegen und Lebensaufgaben ständig und unbewusst vorbeizulaufen.

Als ein Symptom zeigt sich dann oftmals, dass diese besagten Personen immerzu Schwierigkeiten und unerklärliche Hindernisse in ihrem Leben haben. Im schlimmsten Falle würden sich solche Seelen, wenn sie müde und hoffnungslos erschöpft sind, dann gerne von diesem Menschen(-Leben) wieder verabschieden.

„Lebensmüde " und *„Ausgebrannt. "*

In der heutigen Zeit der Psychoanalyse ist das „Ausbrennen" ein sehr großes Thema. Der Mensch „verbrennt" innerlich, er ist erschöpft, niedergeschlagen, müde und manchmal wird das Leben in diesem Burnout-Zustand ohne eine Sinnhaftigkeit erfahren. Ich weiß, es ist ein heikles Thema, das jedoch sehr viele Menschen in unserer Welt betrifft und das zunehmend. Vielleicht auch ein Resultat einer abgespaltenen Welt von unserem Geist (Verstand) und der eigenen spirituellen Seele.

Es wäre durchaus einmal ein allumfassender (progressiver) Denkansatz, wenn sich Psychologen (Geist) vermehrt der wirklichen Seele zuwenden würden, durch das eigene spirituelle Wissen und die eigenen Erfahrungen. Oder eben auch durch die beratende Unterstützung von wirklich sehr guten spirituellen Heilern (Seher), da hier beim Thema „Burnout" durchaus ein Zusammenhang zwischen der Müdigkeit der Seele (Seele) und den psychischen Symptomen (Geist/Gemüt) bestehen könnte – das Zusammenspiel von Geist und Seele und im erweiterten psychosomatischen Kontext auch als „Körper, Geist und Seele".

Bewusst oder unbewusst die Bedürfnisse der eigenen Seele zu ignorieren, ist eine Art „Seelen-Tötung", weil die Seele in der eigenen „Verstand-Ego-Ignoranz" keine Rolle im eigenen Leben spielt. Es ist eine Negierung der vorhandenen Lebenswahrheiten. Die Seele gehört zu einem Menschen in ihrer Funktion dazu, genauso wie der Geist und der Körper. Unsere eigene Seele steht in Verbindung mit uns.

Den Geist können wir auch als ein immaterielles Ereignis sehen. Das Vorhandensein eines Gehirns im Körper eines Menschen sagt noch nichts über die generellen Potenziale des Verstandes aus bzw. zunächst auch nichts über die Energie der Gedanken. Der Geist ist das unsichtbare Vehikel, mit dem wir unser Leben steuern. Wir steuern unser Leben mit unseren Gedanken, mit dem Willen.

Unsere Gedankenwelt ist der Fahrer (Steuermann) unseres Lebens.

Unser Körper ist das Fahrzeug.

Unsere Seele ist der riesige Server (Festplatte, Zentrale).

Ein Mensch kann ein guter Steuermann seines Lebens sein, oder aber auch ein sehr schlechter. Das reine Vorhandensein des Gehirns sagt noch nichts über die Qualität und Potenziale des Verstandes bzw. des Steuermanns aus. Jeder Mensch hat ein Gehirn, jedoch ist nicht jeder Mensch fähig, die wichtigen und richtigen Potenziale seines eigenen Gehirns zu nutzen. Dasselbe Thema haben wir mit dem eigenen Körper und auch sehr stark mit unserer eigenen Seele.

Der Geist ist nicht die Seele, denn hier kann es, wie zuvor beschrieben, zu vollkommen konträren Lebenszielen kommen. Der Kampf zwischen dem Geist (Wille/Ego) und der Seele.

Der Verstand muss nicht zwingend das wollen und machen, was die eigentlichen Aufgaben (Wünsche, Herausforderungen, Lernaufgaben, Ziele) der Seele sind. Es geht der eigenen Seele gerade nicht darum, Spaß, Arbeit, Erfolg, Geld, Beruf und Reichtum zu erfahren, wie das so oft beim Ego (Geist/Verstand) der Fall ist. Die Seele möchte immer weiterkommen, durch bestimmte Selbst-Erfahrungen wachsen und durch Transformation schlussendlich die Vollkommenheit erreichen. Gott entscheidet, wann die Seelen schlussendlich an die höchste Stufe (Himmel) dürfen bzw. wann sie reif sind. Der Zeitpunkt ist dann erreicht, wenn die Seele die Ganzheit (Vollkommenheit), das höchste Bewusstsein erreicht hat bzw. wenn die Seele durch Gott voll bewusst gemacht wird. Nur eine Seele durfte nach dem Tod direkt in den Himmel. Das war Jesus Christus (Christi Himmelfahrt).

Wenn ich mir darüber nicht bewusst bin, steuere ich mein gesamtes Leben mit dem reinen Verstand, oder ich lasse mein gesamtes Leben von anderen Menschen steuern bzw. manipulieren. Viele Menschen sind ein Leben lang versklavt und sie wissen es noch nicht einmal! Der Seelen-Weg deiner eigenen Seele wäre vielleicht ein vollkommen anderer als der Weg, der dir auferlegt wird.

Die Seele ist unsere große ausgelagerte Festplatte (Server/Zentrale) mit allen gespeicherten Informationen, über alle Leben, die ein Mensch bereits geführt hat. Das können tausende Leben sein, die dort in der Seele bereits gespeichert sind. Wenn wir viel Glück haben, können wir uns an ein paar letzte Leben zurückerinnern.

Es ist ungefähr so: Wenn ich dich jetzt frage, was du vor fünf Tagen gegessen hast, ist das schwierig zu beantworten, oder? Also, unser Körper ist das Fahrzeug, das uns an alle gewünschten Erfahrungspunkte in unserem Leben bringt! Der Fahrer oder Steuermann ist unser Verstand (Psyche, Ego, Wille): „Ich will."

Die gesamten Erfahrungen werden auf unsere ausgelagerte Festplatte (Server) gespeichert, also in der Seele. Ich bin wirklich sehr froh, dass es WLAN in diesen Zeiten gibt. Somit kann man den nächsten Umstand den Menschen verständlicher und leichter näher bringen. Dadurch herrscht kein generelles Unverständnis mehr über die Erklärung der Wirkungsweise der Seelenverbindung. Die Funktionsweise zum Thema WLAN, kurz und unfachmännisch, aber zweckmäßig von mir erklärt:

Ich habe einen Computer und mittels WLAN habe ich einen kabellosen Zugriff auf einen Router (Server, Festplatten etc.) Eine unsichtbare Verbindungsenergie fließt mittels des WLANs zwischen dem Computer und den zuvor genannten Geräten. Es erfolgt ein gegenseitiger und unsichtbarer Datenaustausch, Daten fließen im Raum umher, jedoch sieht und spürt man diese Daten und diese bestehende Verbindung nicht. Auch die Geräte, sprich der Server (Router), können sich an einem vollkommen anderen Ort befinden, also für uns unsichtbar sein. Damit dieser unsichtbare Dateienaustausch auch wirklich funktioniert, müssen alle Geräte auf einer zuvor abgestimmten Frequenz (Schwingung) sein bzw. auf einen gleichen Kanal eingestellt sein.

Jetzt zurück zu unserer Seele.

Unsere Seele ist der Server, unser Verstand ist in diesem Beispiel der Computer und unsere unsichtbare WLAN-Verbindung ist unsere Transzendenz bzw. Medialität.

Unsere Transzendenz – die unsichtbare, fein stoffliche Verbindungsenergie mit unserer Seele und der geistigen Welt. Wir müssen uns auf die Schwingung (Frequenz) der Seele einstellen, damit ein Empfangen bzw. ein Austausch stattfinden kann.

Medialität zu haben, zu bekommen und zu nutzen ist noch mal ein anderes Thema. Und das ist ebenfalls nicht schnell zu erreichen. Denn es geht nicht um Fantasie, sondern um schlussendliche Beweisbarkeit der Aussagen, welche durch mediale Verbindungen erreicht werden.

Wichtig ist zu wissen, dass es diese Dinge alle gibt und hier für uns auf Erden vorhanden sind. Ob du das glaubst oder nicht, das interessiert die geistige Welt, deine Seele und die Wahrheit nicht im Geringsten. Sehr viel wichtiger wäre es für dich und deine Seele, dass du diese Dinge wirklich erkennst und dass du weißt, wie man diese nutzt! Die immerzu gleichen Wege und Denkweisen bringen die immerzu gleichen Ergebnisse.

Wenn sich jemand mit 8 Jahren die Angst eingefangen hat und sich nicht in irgendeine Art von Heilung dieser Angst begibt, ist die Wahrscheinlichkeit sehr groß, dass in einem Alter von 100 Jahren die gleichen Kräfte dieser Angst immer noch wirken, falls zuvor keine Erlösung in Form von einer Heilung geschieht. Sich immerzu im Kreise zu drehen, aber den Kreis nicht vollkommen zu schließen.

Die Verbindungsstränge des Leids werden so nicht gekappt bzw. erlöst, sondern das Leid nur ein Leben lang verdrängt.

Veränderung und Fortschritt auf allen Ebenen, Neues kommt hinzu, Stillstand ist der Tod, die Risiken des Lebens werden nicht gescheut. Genau das ist der Unterschied zwischen dem Denken und dem Machen!

Auf den eigenen Wegen auf den Boden zu fallen, ist dabei dann schon implementiert, sowie das erneute Aufstehen, um immer höher zu streben.

Wir nennen es hier auf Erden das LEBEN!

Die absolute Wahrheit wird nicht gemacht oder erstritten, weil sie bereits ist! Wer immer nur das glaubt, was er glaubt zu wissen, der wird wenig wissen. Aber er wird glauben, zu wissen. Er wird es auf jeden Fall wissen, wenn er es wirklich weiß. Er weiß es jedoch genau dann, wenn er es durch seine Selbsterfahrung selbst erfahren hat. Ab hier braucht er es dann nicht mehr zu glauben, weil er es jetzt wirklich weiß! Stelle dich unter das Gesetz der Wahrheit, denn nur dann bist du wirklich frei!

Zynismus und Sarkasmus aufgrund der eigenen Lebensangst. Die Verneinung des Lebens und die vollkommene Verneinung der eigenen Lebensaufgaben, die komplette Weltflucht zu Lebzeiten. Der Gedanke jener ist oftmals: Warum bin ich überhaupt hier?

Meine Antwort dazu wäre: „Du hattest wie immer die Wahl und du hast an höchster Stelle gewählt. Jetzt willst du es nicht mehr erkennen, weil du dich nicht mehr daran erinnern kannst! Dich wieder zu erinnern und die Wege deiner Seele zu sehen, das ist die Aufgabe.

Die Tötung der Seele

Ich habe mich vor vielen Jahren mit einer älteren Dame mehrere Stunden über die spirituellen Welten, Werkzeuge und Wege unterhalten.

Sie sagte zu mir:

„Weißt du, dieser sehr bekannte Manager (sie sagte mir den Namen, werde ihn hier aber nicht nennen), wird in der geistigen Welt bereits jetzt zu seinen Lebzeiten als Mörder eingestuft, da er an seinen Angestellten Seelen-Tötung im großen Stil durch seine extrem materialistischen Handlungsweisen, Forderungen zum Gehorsam, Unterdrückungen und Angst ausübenden Drohungen und krankmachenden Worte begangen hat!

Einige seiner Angestellten begingen aufgrund seiner ‚dunklen Macht' Selbstmord! Das belegten die Abschiedsbriefe der Toten.

Natürlich wird die Erfahrungs-Stufe (Karma-Ausgleich) in der ‚Hölle', welche der Manager nach seinem eigenen Leben einnehmen wird, nicht sehr erfreulich für seine Seele sein." Auch das sind mögliche Wege, welche eine Seele einschlagen bzw. wählen kann. Nicht immer sind solche Dinge zuvor getroffene Absprachen oder bewusst gewählte Wege. Menschen-Seelen, die keinen anderen Ausweg mehr gesehen haben, als zurückzugehen und an höchster Stelle neu zu wählen.

Für dich sollte Alles ein Stück weit ersichtlicher werden!

Damit du eine Chance hast, deine Lebensumstände so zu verändern, damit du schlussendlich ein Leben in Balance, Frieden, Heilung, bedingungsloser Liebe zu allen

Lebewesen und in der Leichtigkeit deines eigenen Seins leben und weiter wachsen kannst.

Zwischen dem Wissen und dem Nichtwissen liegen Welten für uns. Schlussendlich ist unsere Aufgabe hier auf Erden, mehr Bewusstsein zu erreichen und Dinge mit jeder Geburt zu erschaffen.

Wähle all deine Worte, deine Taten, deine Bitten, deine Gebete, deine Wege und auch dein eigenes Leben mit Bedacht und in einem klaren Bewusstsein!

Denke darüber nach und lass uns in den Austausch gehen!

Was ist deine Meinung?

Was ist deine Selbsterfahrung?

Was ist die Wahrheit für dich?

Was sind deine Seelenpläne und Wege?

Wo ist die Seele zu finden?

Was sind deine Erfahrungen?

Geld & Spiritualität

Die Wege und die Entscheidungen zum persönlichen Wachstum müssen immer vollkommen freiwillig, in Gesundheit und in Stille getroffen werden. Kein Möchtegern-Guru oder selbsternannter Schamane etc. haben das Recht, einem Menschen Defizite, Krankheiten, Dinge und Versprechungen einzureden, um dann schlussendlich nur deren eigenen finanziellen Interessen zu befriedigen.

Spirituelles Wachstum ist ein persönlicher und stiller Weg, der zunächst einmal mit Geld nichts zu tun hat.

Ebenso die eigenen eventuellen Fähigkeiten auf spiritueller Ebene, in die eine oder andere Richtung. Diese sind zunächst nur durch dich selbst zu beurteilen und zu bestätigen und nicht durch andere Menschen! Menschen, welche einem vielleicht aus finanziellen Interessen Honig ums Maul schmieren möchten, bzw. Lob und spirituelle Fähigkeiten zusprechen, wo vielleicht (noch) überhaupt keine vorhanden und erweiterbar sind!

Bitte hier immer sehr stark im eigenen Realismus verhaftet bleiben!

Fragen an dich, die du für dich selbst beantworten solltest:

Was bin ich mir selbst wert?

Was ist mir meine Seele wert?

Was ist mir mein Leben wert?

Was ist mir meine Erfahrung wert?

Was ist mir mein Wissen wert?

Was ist mir mein Wachstum und Fortschritt wert?

Was sind mir meine Ziele wert?

Was ist mir mein Wissensdurst wert?

Was ist mir meine Vollkommenheit wert?

Was sind mir meine Selbsterfahrungen wert?

Was ist mir die Wahrheit wert?

Lebst du dein Leben so, wie du es siehst und möchtest?

„In diesem Leben bist du jener, in einem der nächsten Leben bist du ein anderer".

<u>Mein spiritueller Weg und was er für mich persönlich bedeutet:</u>

Wachstum

Wissen

Forschung

Neugierde

Offenheit

Interesse

Austausch und Interaktion

Neue Menschen kennen lernen

Reisen

Wenn ich nun all diese Punkte einmal in eine Relation zu unserem Thema Geld & Spiritualität setze, dann beginne ich jetzt gleich mit dem ersten Punkt.

Wachstum & Wissen

Persönliches Wachstum, dieser Punkt stellt sehr explizit heraus, wie man selbst zu dem Leben an sich eingestellt ist und wie man sein gesamtes eigenes Leben sieht und dementsprechend die eigenen Wege geht. Es wird sicher Menschen geben, die sich über ihr persönliches Wachstum nicht allzu viele Gedanken machen.

Das Wachstum, das ich meine, bezieht sich nicht nur auf das Spirituelle, sondern auf das persönliche Wachstum insgesamt, auf alle Ebenen des Lebens.

Ich kann natürlich den gemütlichen Standpunkt vertreten, dass ich mein Leben genieße, und was ich bis zu meinem 15. Lebensjahr alles gelernt bzw. nicht gelernt habe, ist vollkommen ausreichend für meine eigene Lebenszufriedenheit. Diese vielleicht sehr selbstbegrenzende Lebenseinstellung zelebriere ich dann bis zu meinem Lebensende. Aber auch eine solche Sichtweise und Lebensweise haben ihre Berechtigung.

Für mich persönlich wäre das der frühe Tod und Stillstand ist der Tod. Um stillzustehen, bin ich nicht geboren. Auch die Welt dreht sich weiter, mit Technik, Forschung, Wissen, Wachstum etc. Wie intelligent und weitsichtig wir alles Vorhandene nutzen, steht im Diskurs. Es stellt sich eine grundlegende Frage: Ist man ein Mensch, der irgendwie alles erträgt, oder ist man ein „Macher"? Erträgt man sein Leben permanent, oder gestaltet man sein Leben überwiegend selbst und ist somit ein bewusster und aktiver Macher? Es geht mir an keiner Stelle in meinem Buch um eine Verurteilung, jedoch um Sichtbarkeit und Bewusstsein hin zu der Option einer möglichen Veränderung. Auch eine wichtige Frage für mich: Was ist mir mein persönliches Wachstum wirklich wert?

Wachstum kostet oftmals Zeit, Kraft und auch Geld. Ich tausche also die Energie von Geld gegen Wissen, Fortschritt und Unterstützung ein. Geld ist vor allem auch eine Tausch-Energie, mehr nicht!

Ich tausche Geld ein und erhalte mit diesem Tausch mein persönliches Wachstum bzw. eine Option zur weiteren Öffnung neuer Wege und Möglichkeiten, oder für einen Lehrer, ein Werkzeug auf meinem Weg zu mehr Wissen, Wachstum, Können und Bewusstsein.

In meiner Jugend habe ich auch Geld an Wochenenden eingetauscht.

Nein, nicht für mein spirituelles Wachstum, sondern für etwas Verrücktheit, Party, Erfahrungen, Bekanntschaften und oftmals auch nur, um die Toilette zu befüllen – „Wie getrunken, so zerronnen."   :)

Zumindest kenne ich auch diese Seite des Lebens sehr gut.

Und so kann ich den Reiz, aber auch die Gefahr nachvollziehen, die darin liegt, sich zu berauschen. Es war für mich selbst im Vergleich zu manch anderem, nur ein kurzer und nötiger Moment in meinem Leben, da ich auch dieses gesammelte Wissen durch meine Selbsterfahrungen für mein Leben und für meine Aufgaben benötige – jetzt!

Die Frage zu den Punkten:

Was ist mir mein Leben wert?

Was sind mir meine Erfahrungen wert?

Wie viel bin ich bereit, für mein Wachstum einzutauschen?

Ich persönlich setze mir bei allen Dingen, die ich als Wachstum in mein Leben ziehen möchte, realistischste Grenzen, Zeit-Limits und Geld-Budgets.

Über all die Jahre im Resümee waren es immer sinnvolle Investitionen in mich selbst und in mein persönliches Wachstum. Die beste Investition, welche du machen kannst, ist, in dich selbst zu investieren! Und damit meine ich nicht nur Trinken und Essen.

Ob es sich hierbei um berufliche Ausbildungen, Weiterbildungen, Spirituelle-Erfahrungen, Sprachkurse, Musikunterricht, Softwarekurse, vielfältige VHS-Kurse, Bücher, Lehrer, Seminare, Sportkurse, Vereine, Privat-Dozenten, andere Länder, Reisen, Konzerte, Menschen, Kulturen etc. handelt – alles ist Erfahrung und persönliches Wachstum!

Für all das war ich immer bereit, in den letzten vier Jahrzehnten Geld in die Hand zu nehmen und dieses Geld für mein persönliches Wachstum einzutauschen, weil ich es mir ganz einfach wert war und auch immer noch bin!

Wann ich denn alles weiß und ausgelernt habe sowie endlich zufrieden bin mit meinem Wissen, meinen vielfältigen Selbsterfahrungen und Ausbildungen?

Das kann ich sehr leicht beantworten.

Es ist niemals genug, solange ich lebe, denn leben ist lernen und Wachstum!

Auch ist es eine Frage, wie sehr man sich selbst schätzt und in was für einer selbst gestalteten Welt man leben möchte.

In Freiheit oder Selbstbegrenzung?

Die wirklich große politische Weltgestaltung an sich ist schon sehr begrenzt auf wenige Menschen weltweit.

Schauen wir aber, wie lange noch bleibt, bis die Zeiten des Umbruchs voranschreiten!

Du hast die eigene Wahl, mit Angst, Bedenken und Scheuklappen zu leben oder offen, neugierig und selbstbewusst. Das gesamte Leben ist ein Risiko, ab dem ersten Atemzug! Wähle hier nun selbst! Ich gehe sehr gerne das Risiko ein zu leben.

Wir leben hier auf Erden in der Polarität, nur deshalb können wir die körperlichen Erfahrungen machen, selbst erleben und spüren. Die Lebendigkeit des eigenen Seins zu erfahren. Im Jenseits gibt es keine Polarität, sondern nur eine Schwingungsebene, auf der wir uns dann befinden. Auf einer der höheren Ebenen oder auf einer der tieferen. Das entscheiden wir selbst, hier zu Lebzeiten, wie wir schwingen (agieren) und wachsen. Wir verantworten unsere Leben und das Leben danach immer wieder selbst!

Mutter Erde unsere Schule des Lebens

Wir müssen auf Mutter Erde, geboren werden, um zu wachsen und um zu verstehen. Um so schlussendlich die Vollkommenheit zu erreichen, irgendwann einmal. Auf Erden leben wir, im Jenseits sind wir.

Spirituelles Wachstum

Reines spirituelles Wachstum gibt es nun mal nicht kostenlos bei der Arbeit, und auch nicht in der Kneipe um die Ecke. In kurzer und begrenzter Weise schon, als Lebenserfahrungen. Jedoch nicht mit dem tieferen Verstehen, den Werkzeugen und dem höheren Bewusstsein. Die nächste Fragestellung wäre dann: Was möchte ich noch erfahren bzw. lernen?

Wenn deine Antwort darauf NICHTS ist, dann wird dies auch so sein!

Wer, oder was bringt mich unterstützend zu diesem, als mein Ziel gewähltes spirituelles Wachstum? Was mir klar sein muss: In dieser Welt, in der wir alle freiwillig leben, geht es auch um Austausch und um das Tauschen von Energien. Ich tausche Energie (Zeit, Geld, Kraft) gegen Wissen und Wachstum.

Die wenigsten Menschen (Lehrer, Dozenten, Ärzte, Heiler etc.) werden aus gut verständlichen Gründen weder ihre Zeit, ihre Energie, noch ihr Wissen kostenlos an jeden Einzelnen verteilen können und wollen, ganz egal, in welchem Bereich das angestrebte Wachstum stattfinden soll. Auch sie erwarten einen angemessenen Austausch.

Wissen wird nicht kostenlos sein!

An dieser Stelle etwas anderes zu denken, mit Verlaub, wäre naiv und weltfremd! Selbst der Tod kostet das Leben, aber auch das Leben kostet dann wiederum den Tod.

Die Frage ist also, was es kostet und was ist es mir wirklich und wahrhaftig wert? Es ist die freie Entscheidung hin zum Wachstum oder auch nicht!

Es ist dein Leben, es ist deine Wahl.

Was ist es dir wert?

Wenn dir eine Sache nichts wert ist und dir als nicht sinnvoll erscheinen mag, so wirst du dafür auch nicht bezahlen wollen.

Es ist wie überall im Leben: Einer kauft ein Haus, ein anderer nimmt dieselbe Summe an Geld und investiert alles in Alkohol, Drogen, Zigaretten und Party. Es ist nicht die Frage von besser oder schlechter, sondern es ist die freie Entscheidung, was man für sein eigenes Leben möchte!

Ich habe Forschung über die letzten Jahrzehnte betrieben, war Forscher in eigener Sache. Natürlich ist sich jeder erwachsene Mensch darüber bewusst, dass Forschung, ganz egal auf welcher Themen-Ebene, ebenfalls Zeit, Kraft und Geld kostet. Zur Erforschung eines bestimmten Themenfelds sind vielfältige Dinge notwendig. Zum Beispiel die Reisen, Seminare sowie die Lehrmeister, Experten und Bücher. All dies gehört zu meiner mehrjährigen eigenen Erforschung der spirituellen Wahrheit dazu.

Spirituelles Wachstum ist geprägt durch meine eigenen Selbsterfahrungen und diese gemachten Selbsterfahrungen befinden sich dann im permanenten Abgleich. Es erfolgt eine permanente Wahrheitsprüfung. Ich prüfe, gleiche ab und hinterfrage mein selbst Erlebtes, über Jahre hinweg!

Lege Erfahrungen in einer Schublade ab und hole diese bei Bedarf zum weiteren Prüfungsabgleich mit neuen Erfahrungen wieder heraus, da manche Erfahrungen Zeit brauchen und eben nicht mit einem Fingerschnippen, oder einfach mit Geld immer gleich zu erfahren sind. So ist die Geduld ein weiterer Faktor im Wachstum.

Ohne die *eigene selbst erfahrene Selbsterfahrung* gibt es oftmals leider keinerlei Aussagemöglichkeiten über „möglich oder unmöglich", auch nicht über „unwahr oder wahr"!

Angelesenes Wissen ist oftmals eine Art, es nicht wirklich zu wissen!Angelesenes Wissen ist oftmals reiner Glauben oder Vertrauen! Erzählen kann ich dir viel, auch der Fernseher und die Zeitung können sehr viel verbreiten! Du kannst es glauben oder auch nicht, die volle und wahrhaftige Wahrheit erfährst du so jedoch nicht unbedingt! Daher all meine Investitionen in meine Selbsterforschungen, für mein Wachstum.

Der Weg zur Wahrheit, ein langer Weg, ein lebenslanger Weg! Ein unbezahlbarer Umstand bei meinen spirituellen Reisen war, dass ich sehr viele Menschen und Lehrmeister kennenlernen durfte. Das wiederum führte zu neuen Kontakten, viel Austausch und neuen Wegen.

Mein Tipp an dich: Begib dich auf deine spirituelle Wachstums-Reise und nutze deine Neugierde, Offenheit und dein Interesse. Suche den Austausch und die Interaktion mit Gleichgesinnten und Lehrmeistern, lerne neue Menschen an verschiedenen Orten auf dieser Welt kennen.

Wie viel ist dir das ALLES wert und wie viel ist dir dein eigenes Leben wert?

Spiritualität & Geld?

JA!

Beides gehört zusammen, diese beiden Energien lassen sich nicht so einfach trennen!

Denn es ist Wissen!

Vielfältige Möglichkeiten erleben und dabei wie immer im ganzen Realismus des eigenen Seins verhaftet zu bleiben. Das ist der Weg!

Auf Abzocker und Scharlatane sowie auf Lügen und Nonsens kann ich sehr gut verzichten, jedoch sind diese negativen Phänomene in allen Lebensbereichen und Branchen zu finden. Vom Autoverkäufer, Business-Coaches, Dienstleister, Handwerker, Anlageberater, Vorgesetzte, Politiker etc.! Alles und jeder kann zwei Seiten haben, es gibt die „Guten" und die „Schlechten", überall. Es kommt einfach darauf an, wer welche Rolle in diesem Leben spielen darf (möchte). Daher immer die eigene Intelligenz und Intuition einschalten, auf wen und was man sich einlässt! Wie gesagt, es sollte immer ein angemessener Tauschwert für Zeitaufwand, Wissensvermittlung oder für die Hilfestellung erfolgen.

Aber es sollten jedoch auch genau die Menschen eine Hilfe erfahren können, welche diese dringend nötig haben, und nicht ausschließlich die Menschen, welche den größten Geldbeutel und den meisten Reichtum besitzen!

Gerade in den spirituellen Dienstleistungen (Hilfestellungen) für Menschen sollte man wissen, wer der wahre „Arbeitgeber" ist, bzw. wem man wirklich *dient* und wie man den Tauschwert dementsprechend und angemessen für die Bedürftigen bemisst!

Eine weitere Dimension von Spiritualität und Geld ist die Verschwendung von öffentlichen Fernsehgeldern zum Thema Spiritualität.

Eine Berichterstattung von vornherein ausrichtet auf ein negatives Gesamtergebnis. Wenn ich es an manch einer Stelle selbst nicht besser wüsste, würde ich auch darauf hereinfallen, auf solch teilweise bewusste und unqualifizierte Meinungsmache bezüglich spiritueller Themen. Aber der Vorhang der Täuschung ist bereits vor Zeiten gefallen.

Geld als Werkzeug und Energie

Geld wird oft als neutrales Werkzeug und Tausch-Energie betrachtet, das in positiver Weise genutzt werden kann, um spirituelle Ziele zu unterstützen und anderen zu helfen. Zum Beispiel kann Geld verwendet werden, um Wohltätigkeitsorganisationen zu unterstützen, Bedürftigen zu helfen oder spirituelle Praktiken und Gemeinschaften zu fördern.

Wie gesagt, habe ich viele Menschen im Laufe meines bisherigen Lebens kennengelernt, welche bereit waren, für den Geist (Spirit) im Alkohol (Spirituosen) mehr Geld auszugeben als für den ihnen innewohnenden spirituellen, geistigen Wachstum und Weg! Die Seele möchte weiter wachsen, jedoch hält die Angst den Menschen oftmals davon ab, dies zu tun!

Der Verstand und die Seele sind sich nicht immer eins!

Wenn man auf seine Seele hört und ihre Bedürfnisse kennt, kann es manchmal Mühe, Geld und Zeit kosten, die Anliegen der Seele zu befriedigen. Die Angst und der erlebte Schmerz lassen noch zu viele Menschen zweifeln und halten sie weiterhin in der falschen Verheißung gefangen.

Diese Verheißung bedeutet: Was ich nicht sehe, nicht glaube, nicht besitze und auch nicht möchte, das gibt es einfach nicht.

Welchen Wert messen wir den einzelnen Dingen und Zuständen bei? Wer legt dann den wirklichen Wert für all diese Dinge fest? Wer übernimmt diese Bewertungsarbeit für uns? Wie viel Energie bin ich bereit, für eine Sache oder einen Zustand zu geben?

Wie gesagt, Geld ist nichts weiter als eine banale Tausch-Energie.

Energieaustausch!

Geld an sich hat keinen Wert, es ist meist nur ein Stück Papier.

Wir bestimmen selbst den Wert, welcher die Tausch-Energie für uns hat.

Was ist es uns wirklich wert?

Was brauche ich wirklich in meinem Leben und zu welchem Preis? Protz und Prunk, vor allem Ablenkung von mir selbst und meinen schmerzvollen Lebensängsten? Warum bin ich hier auf Erden in diesem von mir selbst gewählten Spiel, kaufe mich frei mit Ablenkungen, anstatt mit Wissen mein Leben zu verstehen? Erfahrungen, Wachstum und Wissen sind die Währung des Lebens. Die Währung, welche wahrhaftig zählt, alles andere ist nett.

Die Angst, die Wahrheit erneut zu finden und dann wieder von ihr überwältigt zu sein, wie schon viele Male (Leben) zuvor?

Die eigene Seele wiederzuerkennen, zu lesen und zu unterstützen!

Das Erkennen von Sinn und Wahrheit.

Mutter Erde ist für uns auch der Spielplatz und die Schule in der Dualität, um all das Gewünschte zu erleben. Das Gute wie das Schlechte, heiß und kalt, Tag und Nacht. Es waren all die Jahrtausende eure eigenen Entscheidungen, immer und zu jeder Zeit. All eure von Gott gegebenen Freiheiten habt ihr voll genutzt. Erinnere dich zurück an deinen ursprünglichen Plan! Gehe vor allem nicht mit leeren Händen zurück!

Ansonsten wirst du wieder mit derselben Mission kommen. Nutze all die Werkzeuge und Möglichkeiten, welche nötig sind, um den Plan jetzt wiederzuerkennen und deine richtigen Wege zu beschreiten.

Generell ist die Beziehung zwischen Geld und Spiritualität für viele Menschen komplex, oder es wird gänzlich abgelehnt, für Spiritualität oder Wachstum Geld zu bezahlen.

Weltliches Wissen und Spiritualität sind ein Teil unseres Lebens, genauso wie Essen, Trinken, Schlafen, Gesundheit und Krankheit. Ob wir das möchten oder wirklich wahrnehmen und akzeptieren, das spielt dabei keine Rolle. Es ist, wie es ist! Alle Menschen sind spirituelle und geistige Wesen!

„Wie kann jemand so dreist sein und für spirituelle Dienstleistungen Geld nehmen?

Ich glaube ja noch nicht mal daran!"

Hier liegt das Problem: zwischen dem Glauben und dem Wissen.

Zwischen Glauben und Nichtglauben und wahrhaftiger Existenz. Weil ich nicht an eine Sache glaube, so gibt es diese Sache auch nicht!

So einfach ist das!

Einfach nicht daran glauben und schon ist alles verschwunden, nicht mehr existent und es hat keine Berechtigung. Man braucht keine Angst mehr zu haben, denn wenn etwas nicht existent ist, brauche ich mich davor auch nicht zu fürchten oder damit auseinanderzusetzen!

Glaubst du, dass es Menschen gibt, welche eine sehr große tiefe innere unausgesprochene Angst vor der eigenen Spiritualität und den spirituellen Zuständen in dieser Welt haben?

Nein?

Warum sollten sie auch Angst haben?

Etwa vor der Wahrheit?

Nun gut, höchst problematisch wird dieser Glaubensansatz des Nichtglaubens aber spätestens dann, wenn die ersten wissenden Menschen um die Ecke kommen! Spielt das dann wirklich eine Rolle, in welchem Bereich sich dieses Wissen oder eine Dienstleistung abspielt? Ein Mönch, ein Heiler – sie alle leisten spirituelle Dienste und bauen Brücken. Sollen sie deshalb schlecht oder gar nicht von ihren geleisteten Diensten und Wissensvermittlungen in dieser Welt leben können?

Es ist der Wert, die Sinnhaftigkeit, der eigene Glaube und das eigene Wissen, ob wir bereit sind, für Wissensvermittlung, Dienstleistungen oder Heilungen unser Geld im Gegenzug dafür einzutauschen.

Das Unmoralische ist nicht, für „spirituelle Dienstleistungen" Geld zu nehmen, sondern das Unmoralische ist sehr viel mehr, den Gedanken zu haben, dafür nichts bezahlen zu müssen, weil man selbst daran nicht glaubt! Wir denken, die Moral zu kennen, jedoch erkennen wir die Wahrheit nicht, aufgrund der eigenen Scheuklappen, Wertvorstellungen und Einordnungen.

Gesundheit ist ebenfalls ein grundlegendes spirituelles Gut im Leben der Menschen. Jeder Mensch hat zunächst das theoretische Recht für eine gute Gesundheit bzw. Behandlung. Ob das jedoch für jeden Menschen hier auf Erden auch erreichbar ist, das ist eine andere Frage.

Es gibt nur sehr wenige Ärzte, welche vollkommen kostenlos arbeiten bzw. welche nicht die Tausch-Energie von Geld gegen Heilung für sich in Anspruch nehmen. Von irgendeiner Seite aus werden Ärzte immer für ihre Dienstleistungen bezahlt. Und trotzdem gibt es auch in der Schulmedizin keine Heilungsgarantie bzw. kein Heilversprechen, obwohl dafür immer eine Bezahlung erfolgt. Wie sollte es auch ein Heilversprechen geben, es gibt wie gesagt niemals eine Garantie auf Heilung? Es wäre also höchst unseriös, ein Versprechen auf Heilung zu geben. Absolute Heilung ist nur Gott vorbehalten.

Ob und wer diese Gottesgnade der Heilung dann erhält, das weiß nur Gott selbst.

Das will heißen: Wenn ich jedes Risiko zum Wachstum scheue und die Wahrheitsfindungen und die Möglichkeiten in dieser Welt mich nicht interessieren, dann ist das eben so.

Wenn du eine Sache in Anspruch nehmen willst und sie etwas kostet, dann sei auch bereit, dafür zu bezahlen. Ansonsten nimm diese Sache dann einfach nicht in Anspruch! Geld und Spiritualität schließen sich nicht aus, im Gegenteil – es gehört zusammen. Spiritualität ist Leben und wir haben das Geld in unser Leben gebracht, um richtig zu entscheiden und das Geld zu tauschen.

Für mich persönlich ist es keine Frage, ob Geld und Spiritualität sich ausschließen bzw. zusammengehören, sondern es ist ein unbedingtes Muss , weil wir müssen alle Energien in Balance halten! Und sobald die gesamte Menschheit wieder einen Weg gefunden hat, ohne Geld zu leben, werden auch die spirituellen Helfer kein Geld mehr brauchen. Die Frage ist dann obsolet!

Was ist deine Meinung zu Geld und Spiritualität?

Hast du schon einmal Geld in deine Spiritualität investiert?

Ist Spiritualität und Wachstum wichtig für dich?

Closed Circle Community

Werde Mitglied in der *Closed Circle Community*!

Ich habe diese Community für Menschen gegründet, welche ein generelles Interesse am spirituellen Wachstum haben sowie an spirituellen Themen und dem Austausch darüber.

Die Closed Circle Community kann man wie einen Stammtisch oder einen Verein mit gleichgesinnten Menschen sehen, welche in einem liebevollen Umgang und konstruktiven, respektvollen Austausch stehen.

Soziale Interaktion und Austausch.

Persönlicher Kontakt, um Fragen zu stellen und um Antworten zu erhalten.

Erfahrungen sammeln und austauschen.

Neue Ideen, Denkansätze und Möglichkeiten erhalten.

Informationen zu Seminaren und Dienstleistungen im spirituellen Bereich.

Neue Freundschaften, interessante Verbindungen und Kontakte sowie Wachstum und höheres Bewusstsein können in unserer Community aufgebaut werden.

Jedes einzelne Mitglied ist ein Macher.

Es liegt auch in deiner Hand!

Werde aktiv!

Alle Mitglieder der Closed Circle Community haben die Freiheit, sich in der Rubrik „Vorstellung" mit ihrer Tätigkeit sowie ihren Interessen etc. selbst vorzustellen. Jedes Mitglied kann gerne einen Link mit seiner privaten oder seiner Dienstleistungs-Website veröffentlichen.

Innerhalb der Closed Circle Community können Mitglieder selbst spirituelle Themen aktiv eröffnen sowie anschließend einen Austausch mit anderen Mitgliedern darüber beginnen.

Viele spirituelle Themen können innerhalb der Closed Circle Community im Austausch stattfinden. Hier sind dir und den anderen Mitgliedern keine Grenzen gesetzt. Du siehst also, diese Community bietet dir viele Möglichkeiten und Vorteile, um dein spirituelles Wissen und Wachstum zu erhöhen und neue Kontakte zu knüpfen.

Wenn dich das anspricht, dann sei herzlich willkommen!

Wir freuen uns auf dich!

www.skool.com/closed-circle

In der Community gibt es auch mein kostenloses E-Book: *„Erleuchtungs-Meditation"*

(*„Die Meditationstechniken der buddhistischen Mönche"*)

sowie mein geführtes *Video* für die diese *Meditation.*

Musik

Musik als Schöpferkraft ist eine der reinsten Formen menschlichen Ausdrucks, die tief in der Verbindung von Emotion, Intellekt und Intuition wurzelt. Sie ist eine universelle Sprache, die über kulturelle, sprachliche und zeitliche Grenzen hinweg wirkt und neue Realitäten erschafft und das seit frühsten Zeiten des Menschen hier auf Mutter Erde.

Kreative Energie und Transformation
Musik formt Klänge zu Melodien, Rhythmen und Harmonien und verwandelt sie in etwas Bedeutungsvolles. Sie ist ein schöpferischer Akt, der aus scheinbar chaotischen Tönen Ordnung, Struktur und Schönheit (das ist natürlich auch immer eine Frage vom eigenen Geschmack) entstehen lässt. Diese Kraft inspiriert und regt den Geist an, Neues zu denken und zu erschaffen.

Ausdruck des Unaussprechlichen
Musik erlaubt es, das auszudrücken, was Worte oft nicht können. Sie vermittelt Gefühle, Ideen und spirituelle Erfahrungen auf einer tiefen Ebene und schafft Räume für Reflexion und Transformation. Komponisten und Musiker sind wie Alchemisten, die Emotionen und Gedanken in Klanglandschaften verwandeln.

Verbindung und Gemeinschaft

Musik hat die Kraft, Menschen zusammenzubringen und gemeinsame Erlebnisse zu schaffen, z.B. in Clubs und bei Konzerten. Sie kann soziale Barrieren überwinden und gemeinsame Identitäten stärken. In diesem Sinne ist Musik ein Schöpfer von Beziehungen und Gemeinschaften.

Inspiration und Innovation

Musik ist oft der Funke für andere Kunstformen und Innovationen. Sie inspiriert Malerei, Literatur, Film und sogar Wissenschaft. Ihre Rhythmen und Strukturen haben die Mathematik beeinflusst, ihre Emotionalität die Philosophie, und ihre Dynamik die Technologie.

Persönliche Transformation

Für den Einzelnen kann Musik ein mächtiges Mittel der Selbstfindung und Heilung sein. Sie erweckt innere Welten, formt Identitäten und ermöglicht, Traumata zu verarbeiten. Musik schafft eine intime Beziehung zwischen dem Schöpfer und dem Hörer und verwandelt beide in einem dialogischen Prozess.

Verbindung zum Transzendenten

In vielen Kulturen wird Musik als ein Mittel gesehen, das Göttliche oder das Unendliche zu erreichen. Sie dient als Medium, durch das das Heilige erfahrbar wird, und verbindet das Menschliche mit dem Überirdischen.

Eine spirituell musikalische Erfahrung war für mich damals meine Komposition „Memories". Innerhalb einer Stunde hatte ich den kompletten Song auf der Gitarre geschrieben, die Harmonien, den Text und die Gesangsmelodie. Der gesamte Kompositionsprozess war für mich ein meditatives Ereignis. Einen Song mit einem göttlichen Funken komponiert man nicht oft und manche Künstler auch nie. Einige Jahre später ist mir das jedoch noch einmal gelungen mit meinem Song „You".

In ihrer Essenz ist Musik eine schöpferische Kraft, die uns ständig dazu einlädt, die Welt neu zu sehen, uns selbst zu verstehen und miteinander verbunden zu bleiben. Sie ist nicht nur Kunst, sondern auch ein Lebenselixier, das uns ermutigt, zu wachsen, zu träumen und zu schaffen.

Hier meine eigene meditative und teilweise auch Club orientierte spirituelle Musik.

www.sawan.rocks

Viel Spaß beim hören!

Hochsensibilität & Hochfrequenz

Es gibt einen sehr interessanten Blog im Internet von Frau Muriel Urech bezüglich dem Thema *Hochsensibilität und Hochfrequenz.* In unserer modernen Welt gibt es Menschen welche diese Eigenschaft oftmals selbst als eine Belastung empfinden, in Wahrheit kann es jedoch auch ein Schlüssel zur spirituellen Entwicklung und für persönliches Wachstum sein.

Der Blog **www.momof4.ch** zeigt, wie hochsensible Menschen ihre einzigartigen Fähigkeiten im Alltag nutzen können. Als betroffene vierfache Mutter und berufstätige Frau teilt die Blog-Autorin ihre Erfahrungen, wie sie den herausfordernden im Familienalltag meistert und dabei ihre Hochsensibilität als Stärke einsetzt. Sie bietet wertvolle Einblicke, praktische Tipps und Strategien, wie man mit dieser besonderen Gabe umgehen und sie positiv im Leben einsetzen kann.

Ein besonders aufschlussreicher Artikel auf ihrem Blog trägt den Titel: *"Das geheime Talent, das nur hochsensible Menschen besitzen - du wirst überrascht sein!".*

https://momof4.ch/das-geheime-talent-das-nur-hochsensible-menschen-besitzen-du-wirst-ueberrascht-sein/

Darin erklärt die Blog-Autorin, wie Hochsensible ihre gesteigerte Wahrnehmungsfähigkeit nutzen können, um tiefere Einsichten zu gewinnen und intuitive Entscheidungen zu treffen.

Diese Fähigkeit zur intensiven Wahrnehmung und Verarbeitung von Eindrücken kann, wenn richtig genutzt, zu mehr Achtsamkeit, Kreativität und Empathie im Alltag führen. Der Blog zeigt auf, wie man trotz der Herausforderungen des modernen Lebens - sei es Arbeitsstress, Kindererziehung oder die ständige Reizüberflutung - seine Sensibilität als Kraftquelle nutzen kann.

Durch das Teilen von persönlichen Erfahrungen, Bewältigungsstrategien und praktischen Übungen bietet der Blog eine wertvolle Ressource für andere Hochsensible, insbesondere für Eltern, die lernen möchten, wie sie ihre Sensibilität zum Wohle ihrer Familie einsetzen können.

Es geht darum, die eigene Hochsensibilität nicht als Hindernis, sondern als besondere Fähigkeit zu verstehen und zu nutzen, um ein erfülltes und ausgeglichenes Leben zu führen.

Diese Sichtweise passt perfekt zur neuen Zeitqualität, in der das Geistig-Spirituelle wächst und sich immer mehr manifestiert.

Da in meinem Buch auch das Thema allumfassende Gesundheit eine Rolle spielt, ist diesbezüglich auch die „Detox-Society" von Frau Muriel Urech eine sehr gute Inspiration für ein besseres und gesünderes Leben.

www.detox-society.ch